Geschichten, Beziehungen, Perspektiven

100 Jahre ifa

↑ Eröffnung der Ausstellung *prêt-à-partager* in der ifa-Galerie Berlin, 2012
← Außenansicht des ifa nach dem Wiederaufbau des Neuen Schlosses, 1961

↗ Innenhof des ifa, 1966
↓ Deutsches Ausland-Institut (DAI) im Wilhelmspalais, 1932

↓ Verleihung des Theodor-Wanner-Preises an Jacques Delors, 2011
v. l. n. r.: Ronald Grätz, Dr. Adam-Claus Eckert, Ursula Seiler-Albring, Jacques Delors, Richard von Weizsäcker, Hans-Dietrich Genscher

100 Jahre ifa

Ursula Seiler-Albring

Vor hundert Jahren, am 10. Januar 1917, versammelten sich zahlreiche festlich gekleidete Personen, um im Neuen Schloss in Stuttgart die Gründung eines „Museums und Instituts zur Kunde des Auslanddeutschtums und zur Förderung deutscher Interessen im Ausland" zu begehen. Noch im selben Jahr folgte die Umbenennung in „Deutsches Ausland-Institut (DAI)". Beide Vorgänge müssen in ihrem historischen Kontext gesehen werden. Der Ausgang des Ersten Weltkriegs war zu diesem Zeitpunkt ungewiss. Schon Anfang 1917 zeichnete sich eine Beteiligung der Vereinigten Staaten von Amerika aufseiten der Entente ab. Zwar hat der württembergische König Wilhelm II., Schirmherr der Institution, das DAI als „ein Werk des Friedens inmitten des Kriegs" bezeichnet – ein Zitat, das Theodor Heuss später aufgriff –, inwiefern die Gründung des Instituts aber kulturpolitisch, wirtschaftlich oder geopolitisch motiviert war, bleibt noch zu erforschen.

Wenn wir das Jubiläum begehen, erzählen wir gleichzeitig die Geschichte des Instituts. Bewusst haben wir dabei auf eine lineare Erzählung verzichtet und in dieser Publikation ein Kaleidoskop zusammengestellt, das viele einzelne Aspekte unserer Vergangenheit beleuchtet, aber keine Gesamtdarstellung ergibt. Mit der Aufarbeitung der Institutsgeschichte stehen wir erst am Anfang, und wir ermuntern Wissenschaftler ausdrücklich, sich damit zu beschäftigen.

Nach Ernst Ritters Veröffentlichung über „Das Deutsche Ausland-Institut in Stuttgart 1917–1945. Ein Beispiel deutscher Volkstumsarbeit zwischen den Weltkriegen" (1976) fand mit Katja Gesches Untersuchung „Kultur als Instrument der Außenpolitik totalitärer Staaten. Das Deutsche Ausland-Institut 1933–1945" (2006) erstmals eine umfassendere Aufarbeitung der Rolle des DAI im Nationalsozialismus statt. Als 1967 der damalige Generalsekretär Michael Rehs anlässlich des 50-jährigen Jubiläums sagte, das Institut sei nie gleichgeschaltet gewesen, lag das sicherlich zum einem an der damals unzureichenden Forschungslage. Zugleich lässt sich daran die Geschichte der Aufarbeitung des Nationalsozialismus ablesen, denn die 1950er Jahre waren von Verdrängung geprägt und die öffentliche Auseinandersetzung mit dem Nationalsozialismus begann erst im Laufe der 1960er Jahre.

Im Jahr 1949 wurde das Institut neu gegründet und nahm 1951 als „Institut für Auslandsbeziehungen" (ifa) seine Arbeit wieder auf. Im Zuge der Neuausrichtung wurden unter anderem die Tourneeausstellungen initiiert, und es entstand ein Angebot an interkulturellen und landeskundlichen Seminaren für Deutsche, die sich auf einen Aufenthalt im Ausland vorbereiten wollten. Seit 1951 gibt das ifa eine Zeitschrift heraus, die heute unter dem Namen „Kulturaustausch" ein leitendes Medium für aktuelle Themen der internationalen Kulturbeziehungen ist. Die erste ifa-Galerie eröffnete Anfang der 1970er Jahre in Stuttgart, um der zeitgenössischen Kunst aus Transformationsländern ein Forum in Deutschland zu geben.

Als ich 2006 das Amt der Präsidentin übernahm, nach Stationen als Botschafterin in Wien, Sofia und Budapest, war ein zentraler Schwerpunkt des Instituts der Dialog mit Mittelost- und Südosteuropa. Mit dem Fall des „Eisernen Vorhangs" und den Transformationsprozessen in Europa hatte das ifa begonnen, seine Förderschwerpunkte neu auszurichten. Der Schutz von Minderheiten und die Stärkung des europäischen Einigungsprozesses gewannen an Bedeutung und fanden Ausdruck in der Förderung von Redakteuren und Kulturmanagern. Erweitert wurden die Förderaktivitäten 2001 durch „zivik – Zivile Konfliktbearbeitung" zur Förderung internationaler Friedensprojekte und 2005 durch das *Cross-Culture*-Programm zur Stärkung des europäisch-islamischen Dialogs.

2009 wurde der Theodor-Wanner-Preis ins Leben gerufen, mit dem wir Persönlichkeiten oder Organisationen würdigen, die sich in herausragender Weise für den Dialog der Kulturen, für Frieden und Völkerverständigung engagieren. Die nach einem der Gründerväter des Instituts benannte Auszeichnung haben bisher Daniel Barenboim, Carla del Ponte, Jacques Delors, Yoko Ono, Ernesto Cardenal und die Organisation Human Rights Watch erhalten. Die Liste der Preisträger spiegelt in wunderbarer Weise das Selbstverständnis des ifa: Diese Persönlichkeiten stehen für das weltweite Engagement für Frieden, Gleichberechtigung und Menschenrechte, für die Stärkung der Zivilgesellschaft, den Dialog mit der islamischen Welt, die Bedeutung der Arbeit des Internationalen Strafgerichtshofs und den Glauben an Europa.

Das ist das heutige Spektrum unserer Arbeit. Sie ist international, sie ist vielschichtig, und sie ist geleitet von zwei Wörtern: *Kulturen verbinden*. Das ifa ist ein international arbeitender Kulturmittler, ein Kompetenzzentrum für Fragen auswärtiger Kulturbeziehungen und eine zentrale Anlaufstelle für die Vermittlung zeitgenössischer Kunst aus Deutschland geworden. Es versteht sich heute als eine Institution, die der internationalen Zusammenarbeit, der Vermittlung zwischen den Kulturen und damit auch der Konfliktbewältigung verpflichtet ist. Und obgleich das Institut in Stuttgart gegründet wurde und in der Stadt und in Baden-Württemberg stark verwurzelt ist, denkt es europäisch und ist der europäischen Integration verpflichtet. Denn Europa, eines der größten Friedenswerke der Welt, dem wir viel zu verdanken haben, bleibt unser Ziel.

100 Jahre ifa beinhalten auch eine Verpflichtung zur Danksagung und Verneigung vor der Leistung aller Mitarbeiter, ehemaliger Kollegen, Partner, Unterstützer und aller Freunde des Hauses. Wir wissen, dass die wichtigste Währung im menschlichen wie institutionellen Kontakt Vertrauen ist. Das ifa hat sich nachhaltig internationales Vertrauen erarbeitet. Dies wäre nicht möglich gewesen ohne die finanzielle Unterstützung seitens der Bundesrepublik Deutschland, vertreten durch das Auswärtige Amt, des Landes Baden-Württemberg, vertreten durch das Ministerium für Wissenschaft, Forschung und Kunst Baden-Württemberg, und der Landeshauptstadt Stuttgart, vertreten durch das Kulturamt.

1917

Erste Verwaltungsratssitzung
des DAI im Stuttgarter
Linden-Museum, 30. Juni 1917

↗ Generalkonsul Dr. h. c. Theodor G. Wanner, Gründer des DAI, 1949
↓ Grundsteinlegungsfeier für das Haus des Deutschtums, Sitz des DAI. Theodor G. Wanner hält die Begrüßungsrede, 28. Mai 1924

Gründung und Entwicklung des Deutschen Ausland-Instituts 1917–1932

Kurt Düwell

Die Gründung des Deutschen Ausland-Instituts (DAI), „Vorläufer“ des nun 100-jährigen ifa (Institut für Auslandsbeziehungen), war vor allem das Werk des Stuttgarter Unternehmers Theodor Wanner (1875–1955). Wanner besaß ein besonderes Interesse an Auslands- und Außenhandelsfragen, aber auch an Völkerkunde. 1910 hatte er wesentlich zur Gründung des angesehenen Stuttgarter Linden-Museums für Völkerkunde beigetragen. Träger dieses Museums war der „Württembergische Verein für Handelsgeographie und zur Förderung deutscher Interessen im Auslande“, in dem Wanner ebenfalls eine führende Rolle spielte.

Die Idee zur Gründung des Deutschen Ausland-Instituts hatte Theodor Wanner ursprünglich bereits vor dem Ersten Weltkrieg. Aber der Entschluss reifte erst in den Jahren 1914 bis 1916, als Wanner seinen Plan durch drei andere Initiativen bestärkt sah. Die erste Anregung gab die Ausstellung „Deutsche Geisteskultur und Deutschtum im Ausland“, die Anfang August 1914, also schon nach Kriegsbeginn, von dem Geografen Hugo Grothe in den Leipziger Messeanlagen eröffnet wurde und die lange Zeit unterschätzte Bedeutung der deutschen Auswanderer und ihrer Nachfahren umfassend darstellte. Einen weiteren Anstoß erhielt Wanner durch das 1915 von Friedrich Naumann veröffentlichte, sehr viel Aufmerksamkeit erregende Buch „Mitteleuropa“. Der liberale Politiker Nauman beschreibt darin die politischen und wirtschaftlichen Interessen Deutschlands im zentraleuropäischen Raum, die durch den Weltkrieg – mit Blick auf die dort lebenden Auslandsdeutschen, die Naumann kaum erwähnte – noch an Aktualität gewonnen hatten. Das Buch wurde auch im „Württembergischen Verein für Handelsgeographie und zur Förderung deutscher Interessen im Auslande“ kritisch diskutiert. Die dritte für Wanner ausschlaggebende Anregung lieferte 1916 der Berliner Professor Carl Heinrich Becker, Orientalist und späterer preußischer Kultusminister, der in einer Denkschrift für das Preußische Abgeordnetenhaus die Einrichtung von „Auslandsstudien“ als neues Hochschulfach zur „Hebung der Weltkenntnis“ und der „weltpolitischen Bildung“ in Deutschland gefordert hatte. Wanner bündelte gewissermaßen all diese Anregungen und konnte so in den damals führenden gesellschaftlichen Kreisen bis hin zum deutschen Hochadel trotz schwieriger Kriegslage Unterstützer und finanzielle Mittel für seinen Plan gewinnen.

„Ein Werk des Friedens inmitten des Kriegs“

Welche politischen Interessen aber bestimmten diese neuartige Institutsgründung, die obendrein mit der Eröffnung eines Museums einhergehen sollte? Der württembergische König Wilhelm II. bezeichnete das Deutsche Ausland-Institut, das gemeinsam vom Deutschen Reich, vom Königreich Württemberg und der Stadt Stuttgart getragen wurde, am 10. Januar 1917 bei dessen feierlicher Eröffnung als „ein Werk des Friedens inmitten des Kriegs“. In seiner Rede knüpfte er daran die Hoffnung auf einen baldigen Frieden.

In der Tat wurde das Institut inmitten einer äußerst angespannten politischen, militärischen und wirtschaftlichen Kriegslage gegründet, die sich in jenen Wochen noch verschärfte. War der Krieg bis dahin eine Auseinandersetzung in Europa und den überseeischen deutschen „Schutzgebieten“, vor allem in Afrika, so drohte an der Jahreswende 1916/17 der Kriegseintritt der USA an der Seite Frankreichs, Großbritanniens und Russlands und damit eine globale Ausweitung des Kampfes. Die Frage war: Konnte der Kriegseintritt der Vereinigten Staaten durch eine deutsche Friedensinitiative noch verhindert werden? Die Sache stand auf der Kippe. Es war eine brenzlige Situation. Erst kurz zuvor, im Dezember 1916, war eine deutsche Friedensnote von Frankreich und England abgelehnt worden. Und auch die Idee des württembergischen Königs und des DAI, die Auslandsdeutschen, besonders in den USA, für den Friedensgedanken zu mobilisieren und den amerikanischen Präsidenten Woodrow Wilson als Vermittler eines Friedens zu gewinnen, zerschlug sich bald, als Deutschland Anfang Februar den uneingeschränkten U-Boot-Krieg begann. Während des Krieges vermochte das DAI daher nur eine sehr marginale Rolle für den Frieden zu spielen, da es sich überdies eher im Rahmen der Propaganda bewegen musste.

Die Arbeitsstruktur des Instituts

Die eigentliche Arbeit des Instituts konnte erst nach Kriegsende 1918 beginnen. Am 1. Oktober 1918, noch vor dem Waffenstillstand, wurde Fritz Wertheimer, der zuvor schon Theodor

↑ Lesesaal des DAI im Neuen Schloss, 1919/1921

Wanner zugearbeitet hatte, als Generalsekretär des DAI eingesetzt. Wertheimer, der aus einer jüdischen Familie in Bruchsal stammte, aber selbst nicht mehr der jüdischen Religionsgemeinschaft angehörte, war ein studierter Staatswissenschaftler und bekannter Publizist. Er hatte vor dem Krieg für führende deutsche Zeitungen politische Berichte und Analysen aus dem Fernen Osten geschrieben, wohin er viele Reisen unternommen hatte, und im Krieg selbst als Kriegsberichterstatter Zugang zum Hauptquartier des Generals von Hindenburg gehabt. Er war mit dem Eisernen Kreuz ausgezeichnet worden.

Die Arbeit Wanners und Wertheimers wurde im Institut von einem Verwaltungsrat gelenkt, der sich im Durchschnitt aus 30 Staatsbeamten und Persönlichkeiten des öffentlichen Lebens zusammensetzte. Auch ein wissenschaftlicher Beirat, dem bis 1933 als ergänzende Gremien noch ein Wirtschafts- und ein Kulturbeirat zur Seite gestellt waren, wurde zur Unterstützung der Institutsleitung eingerichtet. Dem Vorstand gehörten sieben Personen an, die unterschiedliche Regionen betreuten. Während der Weimarer Republik standen dem DAI die von Wertheimer selbst betreute Osteuropa- und Ostasienabteilung sowie sechs funktionale Sachabteilungen zur Verfügung, und zwar: für Auswandererberatung, für Auskunfts- und Stellenvermittlung, für Rechtsfragen (besonders für Völkerbund- und Minderheitenrecht), für Unterstützungswesen (gedacht für Auswanderer ebenso wie für Auslandsdeutsche, die sich in Deutschland aufhielten), für Werbung und für Pressearbeit. 1926 wurde außerdem ein kleines Nordamerika-Referat geschaffen. Das Institut hatte in den Jahren 1926/27 etwa 50 Mitglieder.

Sacharbeit in alten Print- und neuen Funkmedien

Die besondere Bedeutung der Auswandererberatung und der Betreuung der Auslandsdeutschen brachte es mit sich, dass die Auslandsdeutschen im Mittelpunkt der DAI-Arbeit standen. Sowohl Wanner als auch Wertheimer fühlten sich den außerhalb der Reichsgrenzen lebenden deutschsprachigen Volksgruppen verpflichtet. Sie waren der Auffassung, diese seien besonders während des Kriegs von der Reichsregierung vernachlässigt worden. Als Nordamerika-Kenner und als Experte für Auswanderungswesen, Auswanderungsversicherung und Auswanderertransporte war Wanner sich der Bedeutung der Auslandskunde und der Auswanderungprobleme sehr bewusst. Daher wurde er während der Weimarer Republik sowohl vom Reichsinnenministerium als auch vom Auswärtigen Amt immer wieder zu diesen Aspekten und Themen konsultiert.

Aber es gab noch ein weiteres Gebiet, auf dem Wanner und Wertheimer aktiv waren, das sich bald als ideales Werkzeug bei der Arbeit des DAI erweisen sollte. Da Wanner sich als Mitgründer des „Süddeutschen Rundfunks" („Südfunk") und als stellvertretender Vorsitzender der „Reichs-Rundfunk-Gesellschaft" engagiert hatte, erkannten er und Wertheimer schon früh interessante Möglichkeiten, die sich dem DAI durch das neue Medium auftaten: Es konnte dem Institut zu einer größeren Öffentlichkeit verhelfen und für eine weitere Verbreitung seiner Arbeitsmaterialien und Informationen im Ausland sorgen.

Als daher das DAI im Frühjahr 1925 mit dem Umbau des Alten Waisenhauses am Charlottenplatz durch Paul Schmitthenner endlich ein geeignetes Domizil für alle Abteilungen gefunden hatte, wurde zugleich ein modernes Rundfunkstudio in den Komplex eingebaut, von dem das Institut regen Gebrauch machte. Die von Wertheimer herausgegebene Halbmonatsschrift „Der Auslanddeutsche" brachte regelmäßig Hinweise auf Radiosendungen zum Leben Deutschsprachiger im Ausland, die, wie Wertheimer immer wieder betonte, als loyale Staatsbürger ihrer verschiedenen Gastländer lebten und arbeiteten. Seit Mitte der 1920er Jahre produzierte das DAI zusammen mit einigen kleineren Partnern jährlich im Schnitt 200 Sendungen, von denen ein großer Teil direkt aus dem hauseigenen Studio über den „Südfunk" ausgestrahlt wurde.

Die Ausstellungsaktivitäten des Instituts wurden dagegen wegen der intensiveren Nutzung des Rundfunks und der Printmedien (neben der Halbmonatsschrift gehörten dazu auch verschiedene Buchreihen und wissenschaftliche Handbücher) vorübergehend vernachlässigt. Ein weiterer Grund aber war die missliche finanzielle Lage, die das Institut seit 1928 belastete. „Am stiefmütterlichsten musste unter dem Zwang der fehlenden Mittel unser Ausstellungswesen behandelt werden", resümierte Wanner im Jahresbericht 1931/32.

Aber nicht nur die wirtschaftlichen, sondern auch die innenpolitischen Krisen der Republik, besonders der zunehmende Radikalismus von rechts wie links, behinderten die Arbeit des DAI. Nicht zuletzt bedrohten Hitler und der Antisemitismus seiner Partei die Grundlagen und Voraussetzungen der Institutsarbeit. Das wurde nicht erst nach dem 30. Januar 1933 offensichtlich. Schon vorher war die vernunftgeleitete liberale Geschäftsführung des DAI schärfsten Angriffen ausgesetzt. Dieselben gewaltbereiten Gegner, die Außenminister Gustav Stresemanns Versöhnungspolitik mit allen Mitteln bekämpft und das nach seinem Tod in Mainz errichtete Ehrenmal mit brachialen Mitteln zerstört hatten, griffen nun auch den auf Völkerverständigung gerichteten und auf Langfristigkeit angelegten liberalen DAI-Kurs Wanners und Wertheimers schärfstens an. Die sachlich-wissenschaftliche Arbeit des Instituts konnte unter diesen Umständen nicht immer aufrecht erhalten werden.

Kurt Düwell lehrte an den Universitäten Köln und Trier und war ab 1995 Professor für Neueste Geschichte und Landesgeschichte an der Heinrich-Heine-Universität in Düsseldorf. Schwerpunkte seiner Arbeit sind Deutsche und Europäische Geschichte des 19. und 20. Jahrhunderts sowie die Auswärtige Kulturpolitik zur Zeit des Deutschen Kaiserreichs, der Weimarer Republik, des Nationalsozialismus und der Bundesrepublik Deutschland.

„Institut für Auslandsbeziehungen“ – was für ein Name!

Sudabeh Mohafez

Tatsachen

zwei A, ein B und ein D
vier E, ein F und ein G
ein H, drei I, ein L und vier N
ein R mit drei S
drei T, vier U und endlich ein Z

Wörter und Silben*

Ins Ti tuten immer mehr Menschen aus Rausla. Auch bei
Ezieh fuehren immer mehr Leute ihr Tutits herum, während
Stifuer und Tutfuer länderwärts tuten, ja
neuerd ins für im Usland bezogene Tröten berausen
– ¡trotz Insti trotz Utfu trotz Terz! –,
und ausgetutete Ungsländer mit angelandeten Landzuten
durch Utfuer Slang ein klein wenig verwirrt
ins Titu Erau gezogen werden.

* laut, deutlich und betont rhythmisch vorzutragen

Anagrammatisches*

Ligusterfest bei Anne zuhaus, und tin-
tefarbig die Nusslaus: in heutt neunz-
ehn Lebensarten! Uiui... Ts, tsz... Unfug ad i-
nfinit: Engelsbrausen des Uhu zu Tati.

* nicht allzu laut, aber deutlich hörbar und niemals still,
vor allem aber fast (!) wie ein Fließtext zu lesen

Fantastisches

„Sprechen wir also", sagte Ingold, „über Namen", und fügte prophetisch hinzu: „Schließlich bergen sie unser Schicksal."

Nun glaube ich persönlich weder an das Schicksal, noch bin ich eine Freundin alter römischer Weisheiten oder solcher Damen und Herren aus dem Bildungsbürgertum, die sich ihrer ganz beiläufig, dafür aber mit erstaunlicher Geschmeidigkeit und grundsätzlich im richtigen Moment bedienen, um damit die Netzwerke ihrer Zugehörigkeit zu anderen Damen und Herren aus dem Bildungsbürgertum zu festigen. Deshalb hätte ich normalerweise an dieser Stelle dezidiert das Thema gewechselt. Normalerweise. Diese Situation allerdings war alles andere als normal. Während ich nämlich römische Weisheiten und manche Teile unserer Gesellschaft mit einer gewissen abschätzigen Skepsis betrachte, bin ich gleichzeitig in einem zugegeben ans Absonderliche grenzenden Ausmaß Fan von Ingold. Und da er nie vorher so eindeutig zu mir (zu mir!) gesprochen hatte, schwieg ich stille und - stolz bin ich trotzdem nicht darauf - nickte sogar zustimmend.

„Ist ein Name einmal vergeben", sagte er, und ich fragte mich, wer ihm, dem großen Weisen, seinen seltenen Namen gegeben hatte, „so bleibt er haften."

„Es wird doch aber sicher Mittel und Wege geben, einen Namen zu ändern. Noch dazu einen so komplizierten und - wenn du das Wort entschuldigst - aufs Unguteste veralteten wie meinen!" rief ich aus.

Aber Ingold schüttelte nur bedächtig den Kopf. „Es ist alles andere als einfach, dergleichen zu bewerkstelligen", klärte er mich auf. „Denk doch allein über die Logistik nach: Dein Name steht auf all deinen Visitenkärtchen und Adressaufklebern, er steht auf dem Registerauszug beim Amtsgericht, bei dem du deine Firma angemeldet hast, er steht im Telefonbuch, im Stammbuch, im Pass, im Führerschein und auf deiner Homepage. Vor allem aber ist er fest eingraviert ins Hirn all derer, die dich kennen - deiner Feinde, wie deiner Freunde. Egal, wie oft du sie bätest, diesen alten Namen nicht mehr zu verwenden, egal wie ausführlich du ihnen erklärtest, dass deine Eltern, als sie ihn dir gaben, nicht ahnen konnten, wie schnell und wie gründlich sich die Moden in der Welt der Namen wandeln, und dass sie dir niemals - niemals! - diesen Namen verpasst hätten, wenn ihnen damals klar gewesen wäre, wie er heute, im Hier und Jetzt und der Gegenwart, die wir alle teilen, klingen, welche Konnotationsräume er öffnen, welche Beigeschmäcker er wecken und welche Abscheu er vielleicht sogar bei manchen Menschen aufrühren werden würde, egal wie oft du deinen Freunden diese vielschichtigen und gewichtigen Zusammenhänge darlegtest, dein Name wird für sie dein Name bleiben. So sind die Menschen nun einmal. Und du wirst dich zeitlebens mit ihm, mit diesem deinem Namen herumschlagen müssen."

„Zeitlebens?" warf ich kleinlaut und ein wenig ungläubig ein. Es musste doch irgendeine Möglichkeit geben, meinen Namen loszuwerden und mir einen anderen zuzulegen. Einen freundlichen, vielleicht sogar lustigen, auf jeden Fall aber offenherzigen Namen, den jeder gern ausspräche, der alle aufhorchen machte und der mir allein schon durch seine Erwähnung die Zuneigung der Welt gewiss sein ließe. Es gibt solche Namen. Es gibt sie in der Tat!

„Zeitlebens", wiederholte Ingold und sah dabei durchs geöffnete Küchenfenster zum Horizont, an dem gerade ein großer Schwarm Zugvögel sich zu einer irrsinnigen Formation ballte, Sekunden darauf in alle erdenklichen Richtungen auseinanderstieb, nur um sich einen Atemzug später wieder zusammenzutun und eine neue, noch abwegigere, noch beweglichere und noch atemberaubendere Form anzunehmen. Zugvögel, dachte ich bitter, haben nicht das geringste Problem mit Veränderung und Anpassung, und sah wieder zu Ingold hinüber, der eben einen Tee aufsetzte.

„Besser", murmelte er, „du findest dich damit ab und trägst deinen Namen, vielleicht nicht mit Stolz, denn der ist ein tückischer Gefährte, aber doch mit aufrechtem Rückgrat." Er räusperte sich. „Weißt du", sagte er schließlich, „ich habe die Erfahrung gemacht, dass dabei nicht selten ein Griff in die Trickkiste außerordentlich behilflich sein kann.“

In welche Trickkiste?, überlegte ich verzweifelt und sah mich suchend um.

„Nun“, fuhr Ingold unbeirrt fort, „erstens sollten dreiteilige Namen ohnehin verboten werden. Da es dafür aber in deinem Fall eindeutig zu spät ist, sollten sie schlicht im Vergessen verschwinden. Zweitens leben wir, Mutter Erde und den Vereinigten Staaten von Amerika sei's gedankt!, im Zeitalter der Akronyme. Und drittens rufen dich ohnehin alle bei deinem Kurznamen: Wer hat heute schließlich noch Zeit, ernsthaft dreiteilige Namen in Gänze zu verwenden? Was also bekümmert dich dein wirklicher, dein langer, dein viel zu langer, dein unglaublich altmodischer, in den Ohren der Heutigen quietschender und krächzender tatsächlicher Name?“

Ich sah Ingold ratlos an. Was sollte das Gerede von Akronymen und Mutter Erde? Und was half es mir, dass alle mich bei meinem Kurznamen riefen? Ebenso gut wie sie, wusste ich schließlich trotzdem, wofür er stand. Meine Meinung von Ingold war schwer in Gefahr, ins Bodenlose zu stürzen. Ein Ausblick, der mich noch betrübter stimmte.

Als sähe er aber das zunehmende Grau in meinem Blick nicht, sprach Ingold ungerührt weiter: „Es ist doch aber so: für die Kurzform deines Namens“, hier legte er eine bedeutungsschwangere Pause ein und wiederholte sich gewichtig, „für die Kurzform deines Namens musst du dich nun wahrlich nicht schämen.“

„Nicht?“

„Nicht im geringsten!“ rief er. „Denn, erstens, ist sie aufs Großartigste kurz; zweitens besteht sie aufs Genialste aus einem einzigen, noch dazu einsilbigen Wort; und drittens bedeutet sie nicht mehr und nicht weniger als *den Glauben bewahren ...* “

„Den Glauben bewahren?“ unterbrach ich verwirrt.

„Und den Glauben woran und wofür, lässt sie dabei hübsch offen. Es bleibt also ganz und gar in deinen Händen, die Deutung dazu festzulegen.“

Mir wurde schwindelig. Obwohl ich die ganze Zeit über gesessen hatte, hielt ich mich unwillkürlich an der Tischplatte fest. Was hatte ich mir nur von einem Besuch bei Ingold erhofft? Ein Wunder? Eine Art Zauber? Der Schwindel nahm derat zu, dass ich die Augen schloss und auf der Stelle in einen tiefen Schlaf fiel. Tatsächlich schlummerte ich so tief, dass ich mich später nur noch an die partout nicht verebben wollende akustische Untermalung meiner Träume durch mein eigenes Schnarchen erinnerte.

Als ich dann anderntags – seltsamerweise auf dem Sofa daheim – wieder aufwachte, fühlte sich die Begegnung mit Ingold so wirklich an, dass es mir, trotz besseren Wissens, schwer fiel und, um ehrlich zu sein, bis heute schwer fällt, sie als Traum abzutun.

Was er aber mit der Trickkiste gemeint hatte, wurde mir an diesem Morgen endgültig klar. Denn, ob nun Traum oder Nichttraum, wie durch Zauberhand habe ich seither aufgehört, mit meinem Namen zu hadern. Allerdings weniger wegen dieser Sache mit dem Glauben, die Ingold so wichtig zu sein schien, und obwohl sie sich, das gestehe ich ein, ganz hübsch ausnimmt, sondern vielmehr wegen der Punkte eins und zwei auf Ingolds Liste der Begründungen: *Ein kurzes* Wort.

Und *ich* möchte hinzufügen: *ein kurzes* Wort, das auf einen *offenen* Vokal endet. Einladender und überhaupt ganz allgemein besser, finde ich inzwischen, kann ein Name gar nicht sein.

Stationen: Teheran, Berlin, Lissabon, Stuttgart und ein Weiler bei Welzheim | Ausbildungen: Musik, Anglistik, Erziehungswissenschaften | Beruf: Pädagogin – Krisenintervention, Gewaltprävention | Beruf: Schriftstellerin – Romane, Erzählungen, Lyrik, Theaterstücke und Übersetzungen – Englisch, Farsi Portugiesisch | Auszeichnungen (u. v. a.): Jahresstipendium des Deutschen Literaturfonds, Jahresstipendium des Landes Baden-Württemberg, MDR-Literaturpreis, Adelbert-von-Chamisso-Förderpreis, *Writer in Residence* QMU London und University of Nottingham

Karonga / Frankfurt

Raymond Mwenifumbo

Am Malawi-See, an der Grenze zu Tansania, liegt Malawis Distrikt Karonga. Die Gegend ist unter Paläontologen für Fossilienfunde bekannt. Seit 2004 befindet sich hier ein für das Land einzigartiges Museum, das die Geschichte der Ur- und Frühzeit vermittelt. Im Jahr 2016 reiste Raymond Mwenifumbo, Mitarbeiter des Museums, mit einem Stipendium der „Alexander Rave-Stiftung" nach Deutschland.

Seit 2013 arbeite ich für das Cultural & Museum Centre Karonga (CMCK). In der Region wurden unter anderem ein Knochen des *Homo rudolfensis* und Fossilien des *Nyasasaurus parringtoni* (Malawisaurus), einer Urzeitechse, gefunden. Doch obgleich die Funde aus Malawi stammen, gingen die Fossilien in die Bestände europäischer oder südafrikanischer Museen ein. Das lässt sich mit Malawis Kolonialgeschichte erklären: Bis 1964 war das Land britisch besetzt. In Malawi gibt es keine lange Tradition der Auseinandersetzung mit der Ur- und Frühgeschichte oder der Wissensvermittlung in der Gesellschaft, wie man sie in Europa kennt. Das Museum in Karonga ist gerade einmal zwölf Jahre alt. Zum Vergleich: Das „Senckenberg Naturmuseum" in Frankfurt am Main besteht schon seit Anfang des 20. Jahrhunderts.

Raymond Mwenifumbo ist Kulturmanager und seit 2013 am Cultural & Museum Centre Karonga (CMCK) für Wissensvermittlung und Öffentlichkeitsarbeit zuständig. Er koordiniert international geförderte Projekte.

Oliver Mwenifumbo, Lawrence Mwamlima und Archibald Mwakasungula initiierten die Gründung des CMCK. Der Norden Malawis ist zwar eine strukturschwache Region, aber eben auch ein Ort von großer historischer Bedeutung. Das erklärt, warum das Museum gerade in Karonga errichtet werden sollte. Es wurde in Zusammenarbeit mit Professor Friedemann von Schrenk von der Frankfurter Goethe-Universität geplant und konzipiert.

Als ich mich für das Rave-Stipendium bewarb, ging es mir darum, mehr über die Ausstellungspraktiken und den Umgang mit naturhistorischen Exponaten in Europa zu erfahren. Die Konzepte europäischer Museen unterscheiden sich von denen, die ich bis dahin kannte. Es gibt andere Systeme elektronischer Katalogisierung, andere Präsentationsmethoden und Museumspädagogische Ansätze. Ein Workshop des Humanethologischen Filmarchivs der Senckenberg Gesellschaft für Naturforschung, den ich während meines Aufenthalts besuchte, beschäftigte sich beispielsweise mit Eltern-Kind-Interaktion.

Die „Alexander Rave-Stiftung“ im ifa wurde als Vermächtnis des Hamburger Kaufmanns Alexander Rave gegründet. Die Stiftung fördert in den Bereichen Wissenschaft und Forschung, Kunst und Kultur sowie Aus- und Fortbildung durch die Vergabe von Stipendien an Kuratoren, Restauratoren, Museumstechniker und Kulturmanager aus Transformations- und Entwicklungsländern.

Die Zeit in Deutschland habe ich aber auch genutzt, um weiter an dem Projekt „Museum³ – Integration durch Interaktion“ zu arbeiten. Dessen Ziel ist es, eine Plattform zur Wissensvermittlung und ein interaktives Museumsbesucher-Netzwerk zwischen dem CMCK in Karonga, dem Georgischen Nationalmuseum in Tiflis und dem Senckenberg Naturmuseum in Frankfurt aufzubauen, das den Besuchern die Möglichkeit bietet, direkt miteinander zu kommunizieren.

Der Aufenthalt in Frankfurt war nicht nur wegen des Austauschs mit deutschen Kollegen über Ausstellungspraktiken und neue Vermittlungsformate wertvoll. Mir war es dadurch auch möglich, die Methoden des Kuratierens und des Kulturmanagements in Malawi aus internationaler Perspektive zu betrachten, sodass ich nun deren Stärken und Potenziale besser erkennen kann.

1925

Einweihung des DAI im
Haus des Deutschtums,
21. Mai 1925

Weltwissen für die Zukunft – Zur Geschichte der ifa-Bibliothek

Gerd Ulrich Bauer

Kaum eine Zeitspanne hat tiefergreifende Umwälzungen erlebt als das „kurze Jahrhundert" (Iván T. Berend und Eric Hobsbawm) zwischen dem Ersten Weltkrieg und dem Fall des „Eisernen Vorhangs". Vor diesem zeitgeschichtlichen Hintergrund stellt das Jubiläum der ifa-Bibliothek gleichermaßen eine Errungenschaft herausragender Persönlichkeiten sowie eine kollektive Leistung dar. Als Forschungs-, Dokumentations- und Informationsstelle für das „Auslandsdeutschtum" und als Einrichtung zur Förderung deutscher Interessen im Ausland konzipiert, hat sich in Stuttgart eine einmalige Spezialbibliothek zu kulturellen Auslandsbeziehungen, Kulturbegegnung und Kulturaustausch etabliert. Ihren Grundstein legte der Arabist und Orientalist Professor Georg Kampffmeyer (1917–1924): Er bestimmte den konzeptuellen Rahmen, prägte entscheidend den Begründungsdiskurs und entwickelte eine Systematik zur Erfassung der Bestände. Umfangreiche Schenkungen ließen Archiv und Bibliothek rasch an Breite und Substanz gewinnen, was Umzüge erforderlich machte: vom Stuttgarter Linden-Museum ins Neue Schloss (1919) und schließlich in ihr jetziges Domizil am Charlottenplatz (1925). Mit Hitlers Machtergreifung wurde das Deutsche Ausland-Institut (DAI) gleichgeschaltet. Sammlungsausbau, Forschung sowie Publikationstätigkeit standen forthin im Zeichen der NS-Ideologie, etwa durch genealogische und sippenkundliche Studien zu auslandsdeutschen Gemeinschaften. Nach Überwindung des Unrechtsregimes haben die Bibliotheksleiter Elisabeth Schmidt (1949–1968), Gertrud Kuhn (1968–1988) und Udo Rossbach (1988–2004) mit Hingabe und Weitsicht den Wiederaufbau der Bibliothek und ihren weiteren Ausbau vorangetrieben, unterstützt von fachkundigem Personal, engagierten Stiftern und großzügigen Spendern.

Die Existenz von Spezialbibliotheken wie dieser ist stark von machtpolitischen Bedingungen, utilitaristischen Zielen und Moden abhängig. Folglich liegt ein Erfolgsindikator bereits in ihrem Fortbestand, allen Sparzwängen und dem vermeintlichen „Bedeutungsverlust" des Buches zum Trotz. Aussagekräftiger ist der Umfang des Bestandes: Dieser ist seit Einrichtung der Bibliothek nahezu linear gewachsen, von etwa 6000 Bänden und 450 regelmäßig erfassten Periodika im Gründungsjahr auf aktuell über 430 000 Bände und 1000 Zeitschriften. Diese Behauptung eines linearen Wachstums verschleiert allerdings Rückschritte und Einschränkungen. So verbrachten die

Alliierten nach ihrem Sieg über Nazi-Deutschland im Jahr 1945 große Teile der länderkundlichen Bestände sowie die wertvolle Kartensammlung außer Landes. Sie konnten jedoch in den 1950er Jahren zurückgeführt und in die neu aufgebaute Bibliothek integriert werden. Aus Platzmangel und konservatorischen Gründen mussten 1987 Bestände in das Koblenzer Bundesarchiv überführt werden, und auch weiterhin sorgten beschränkte Ressourcen einerseits für kontrolliertes Wachstum, andererseits zu bedachter Auswahl, was im Fall der ifa-Bibliothek auch eine klare Profilbildung zur Folge hatte.

Seit ihrer Gründung waren DAI bzw. ifa bestrebt, die Nutzungsmöglichkeiten zu verbessern, von der systematischen Erschließung der Bestände über die Teilnahme am Bibliotheksleihverkehr (ab 1925), die Mikroverfilmung von Teilbeständen (ab Mitte der 1930er), die Aufnahme der Bestandslisten durch die Württembergische Landesbibliothek (1958), die Teilnahme an der Zeitschriftendatenbank (ab 1986) bis hin zur Mitgliedschaft im Südwestdeutschen Bibliotheksverbund (ab 1989) sowie im Fachinformationsverbund „Internationale Beziehungen und Länderkunde" (1990). Unter anderem durch Textsammlungen und Bibliografien flankierte die Bibliothek ab 1969/1970 den Reformprozess in der staatlichen Außenkulturpolitik, was sich in der entwicklungspolitischen sowie sozial- und kulturwissenschaftlichen Begleitforschung deutlich niederschlug. Für die jüngste Zeit ist die Weiterentwicklung der Bibliothek zu einem Fach- und Dienstleistungszentrum für Wissenschaftler sowie für „Praktiker" der internationalen Kulturarbeit hervorzuheben, wobei das Online-Portal und die Bibliothekswebsite inzwischen exzellente und leicht zugängliche Forschungsressourcen sind.

Auch wenn sich die gesellschaftlichen und politischen Rahmenbedingungen für die Bibliothek über 100 Jahre hinweg tiefgreifend verändert haben, auch wenn sich die kulturpolitischen Zielsetzungen wie auch die Sprache der politischen Diskurse signifikant an neue Verständnisse und Befindlichkeiten angepasst haben – der gesellschaftliche Auftrag des ifa hat bis heute Bestand. Diesen brachte der erste Generalsekretär, Franz Thierfelder, anlässlich der Wiedereröffnung der Bibliothek (1957) zum Ausdruck: „Wir glaubten, das Geld nicht besser verwenden zu können, als anstelle eines Gebäudes aus Stein eine auslandskundliche Bibliothek erstehen zu lassen, deren Benützung Deutschen und Nichtdeutschen in aller Welt offensteht und die dazu beitragen möchte, die Fremdheit unter den Völkern zu mindern und anstelle irreführender Propaganda solides Wissen voneinander zu mehren."

Für die Zukunft der Bibliothek stimmt einiges zuversichtlich: zum einen die ebenso um- wie weitsichtige Entwicklung der Sammlung – eine vorausschauende Planung, eine Weiterentwicklung im Sinne ihrer Nutzer, eine Öffnung für zukünftige Generationen, vor allem für Deutschlernende, deutsche und ausländische Studierende sowie Forscher und „Praktiker" aus dem In- und Ausland. Zum anderen leistet die Bibliothek einen wertvollen Beitrag zu den Bildungs- und Erkenntnisprozessen, die für die Bewältigung der großen Zukunftsaufgaben unerlässlich sind. Diese liegen weniger in einer abstrakten „Globalisierung" als vielmehr in greifbaren Phänomenen wie der internationalen Migration, den veränderten geopolitischen Konstellationen sowie der fortschreitenden Diversifizierung unserer Gesellschaft. Die Bibliothek trägt zur Mehrung wissenschaftlicher (Er-)Kenntnis über Fremde und Fremdes bei, und sie stellt damit das notwendige intellektuelle Rüstzeug bereit für die Entscheidungsbildung in den politischen Institutionen eines pluralistischen deutschen Gemeinwesens im Chor der europäischen Staatengemeinschaft.

Gerd Ulrich Bauer promovierte 2008 im Fach Interkulturelle Kommunikation mit einer Studie zu Akteuren der deutschen Auswärtigen Kultur- und Bildungspolitik. Im Anschluss war er Akademischer Rat im Fachgebiet Interkulturelle Germanistik der Universität Bayreuth. Er arbeitet als Bildungskoordinator für Neuzugewanderte im hessischen Wetteraukreis.

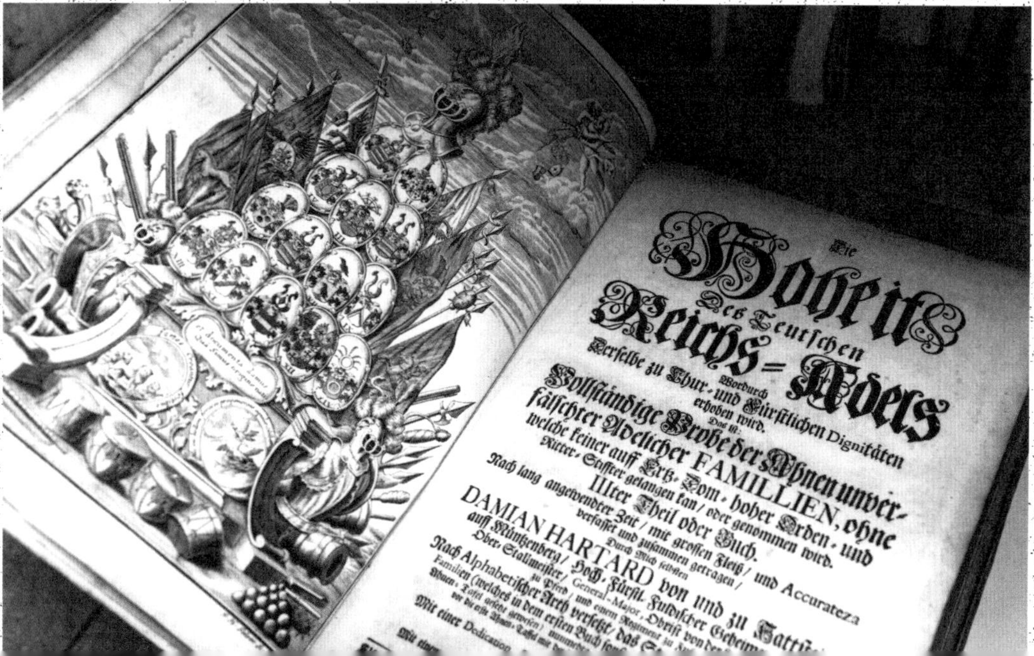

↓ Ausschnitt aus dem Buch „Die Hoheit des Teutschen Reichs-Adels wordurch derselbe zu Chur- und fürstlichen Dignitäten erhoben wird." von 1729

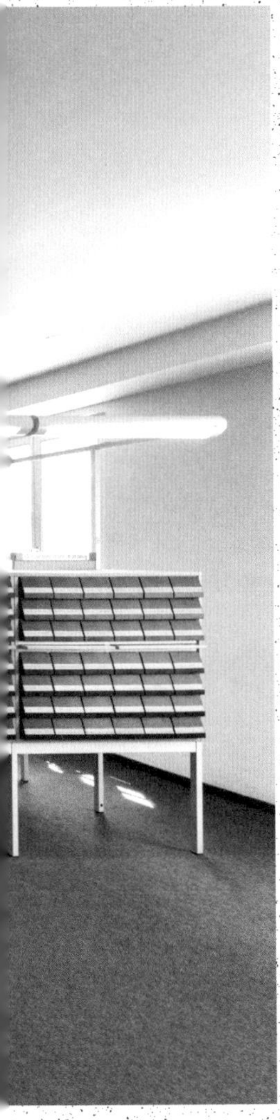

↑ Magazin der ifa-Bibliothek
↖ Lesesaal mit alphabetischen und Sachkatalogen

Auf das Zusammenspiel mit der Gesellschaft darf man nicht verzichten

Caroline Y. Robertson-von Trotha & Jennifer Endro

Im Gespräch mit Caroline Y. Robertson-von Trotha, Direktorin des ZAK | Zentrum für Angewandte Kulturwissenschaft und Studium Generale, über Schnittstellen zwischen Wissenschaft und Praxis und ihre Arbeit für den „Wissenschaftlichen Initiativkreis Kultur und Außenpolitik (WIKA)“

Jennifer Endro: Was genau macht das ZAK?

Caroline Y. Robertson-von Trotha: Das ZAK ist eine zentrale wissenschaftliche Einrichtung am Karlsruher Institut für Technologie (KIT). Neben Forschung und Lehre ist der Bereich Öffentliche Wissenschaft zentral. In Zusammenarbeit mit lokalen Praxispartnern werden komplexe Themen aus der Wissenschaft mit einem breiteren Publikum öffentlich diskutiert, beispielsweise bei den Karlsruher Gesprächen. Unser transdisziplinärer und internationaler Ansatz erlaubt es uns, gesamtgesellschaftliche Fragestellungen aus interkultureller Perspektive in den Blick zu nehmen. Das ZAK versteht sich als Schnittstelle zwischen Wissenschaft und Praxis. Wir übertragen theoretische Grundlagen und empirische Daten in konkrete Handlungsempfehlungen für die Praxis, und begleiten diese Umsetzung dann wieder wissenschaftlich. Diese Wechselwirkungen gehören für mich zu einem zeitgemäßen Wirkungsverständnis von Wissenschaft.

Wie kann die Arbeit an dieser Schnittstelle aussehen?

Ein Beispiel wäre die Entwicklung von Leitlinien für interkulturelle Projekte und Aktivitäten. Im Jahr 2015 war ich Teil der Arbeitsgruppe, die im Auftrag des Landes den Praxisleitfaden für die Kulturarbeit „Interkultur für alle“ veröffentlicht hat. Mit Best-Practice-Beispielen und einem Beitrag zum Stand des wissenschaftlichen Diskurses sollen Kommunen und Kultureinrichtungen wichtige Anregungen für ihre Arbeit vor Ort gegeben werden.

Sie sind Vorsitzende des vom ifa initiierten „Wissenschaftlichen Initiativkreises Kultur und Außenpolitik (WIKA)“. Wie arbeitet der WIKA?

Der WIKA kümmert sich darum, die Arbeitsfelder der Auswärtigen Kultur- und Bildungspolitik (AKBP) in Kooperation mit Universitäten und anderen Wissenschaftseinrichtungen fachlich zu begleiten sowie Professoren und Nachwuchswissenschaftler miteinander zu vernetzen. Als der WIKA gegründet wurde, waren Bernd Thum – mein Vorgänger als Vorsitzender – und ich begeistert, dass dieser Arbeitskreis einen interdisziplinären Blick auf die Thematiken ermöglicht. Jeder Vorsitzende setzt während seiner Amtszeit eigene inhaltliche Schwerpunkte. Bei mir sind das die (europäische) Integration und die Wechselwirkungen zwischen lokalen und globalen gesellschaftlichen Entwicklungen. Derzeit arbeiten wir zu „Diaspora" im weiteren Sinn, also zu Identität und Migrationsbewegungen.

Vor welchen Herausforderungen steht die AKBP?

Momentan findet in vielen Ländern ein Rückzug auf das nationale Denken und damit einhergehend nationale Abschottung statt. Andererseits lösen sich durch die Globalisierung die Grenzen in einigen Bereichen auf, die Klimapolitik beispielsweise erfordert eine Lösung auf internationaler Ebene. Internationale und legitimierte, ratifizierte Konventionen werden aber teilweise nicht umgesetzt, weil einzelne Regionen oder Staaten sie blockieren. Das führt zu dem Eindruck, die Politik der internationalen Gemeinschaft laufe der Realität hinterher. Entscheidungsprozesse kommen nur langsam in Gang, und anstelle einer antizipatorischen und gestaltenden Politik gibt es lediglich reagierende Maßnahmen. Wir müssen zu einem vorausschauenden und zukunftsorientierten Denken finden. Das ist angesichts der aktuellen außenpolitischen Lage und der Gleichzeitigkeiten teils gegenläufiger gesellschaftlicher Entwicklungen eine Herausforderung.

Der WIKA versteht sich als Netzwerk oder auch Plattform. Welche Schnittstellen zu anderen Projekten oder Netzwerken sind schon entstanden?

Wir profitieren stark von unserer guten Vernetzung, insbesondere jene mit der „Anna Lindh Stiftung", deren deutsches Netzwerk wir am ZAK koordinieren. „Diaspora" – ein wichtiges und in der Forschung noch zu wenig beachtetes Thema – war nicht nur titelgebend für die letzten beiden WIKA-Workshops, sondern wird auch auf dem nächsten Netzwerktreffen der „Anna Lindh Stiftung" aus Sicht aller drei Cluster, also „Wissenschaft", „Migration" und „Kunst und Kultur", behandelt. Der Austausch ist für beide Seiten wertvoll: Der WIKA profitiert von der zivilgesellschaftlichen Praxis im „Anna Lindh Netzwerk", welches im Gegenzug Einblicke in die analytische, reflektierende Ebene des WIKA gewinnt.

Erinnern Sie sich an besondere Momente oder Veranstaltungen in der Zusammenarbeit mit dem ifa?

Herausragend war das zehnjährige Jubiläum des WIKA, das 2014 in der Landesvertretung Baden-Württemberg in Berlin begangen wurde. Es ist uns damals gelungen, mit einem überaus wertvollen „Streitgespräch" die Berliner Öffentlichkeit zu erreichen. Dabei ging es um „Europa in der Zerreißprobe" – ein Thema, das heute aktueller ist denn je. Mir persönlich ist es sehr wichtig, dass wir gesellschaftlich relevante und brisante Fragen angehen und dass das Wissen aus der Praxis wie der Wissenschaft die Bürger auch erreicht. Die Zeiten sind so, dass wir es uns nicht leisten können, auf dieses Zusammenspiel mit der Gesellschaft zu verzichten. Der WIKA bietet meines Erachtens ein hervorragendes Potenzial für dieses – ursprünglich aus dem angelsächsischen Raum stammende – Konzept der Öffentlichen Wissenschaft.

Caroline Y. Robertson-von Trotha ist Direktorin des ZAK | Zentrum für Angewandte Kulturwissenschaft und Studium Generale am Karlsruher Institut für Technologie (KIT). Ihre Forschungsschwerpunkte sind unter anderem Multikulturalität und Integrationspolitik, Globalisierung und Internationalisierung. Seit 2013 ist sie Vorsitzende des Wissenschaftlichen Initiativkreises Kultur und Außenpolitik (WIKA), der 2004 vom ifa gegründet wurde.

Jennifer Endro war mehrere Jahre in der Kulturabteilung des Goethe-Instituts tätig, unter anderem als Referentin im Bereich Wissenschaft und Zeitgeschehen sowie als Referentin für Residenzprogramme. Seit Februar 2016 leitet sie das Projekt „100 Jahre ifa".

Über globale Herausforderungen – Ordnung und Verantwortung

Frank-Walter Steinmeier

Grenzüberschreitende Krisen, Flüchtlingsströme, internationaler Terrorismus, schwindender Zusammenhalt in Europa: Wir sind umgeben von Herausforderungen, auf die wir dringend Antworten finden müssen. Angesichts der schrecklichen Bilder und Nachrichten, die uns jeden Tag erreichen, mag so mancher zweifeln: Was kann die Auswärtige Kultur- und Bildungspolitik schon zur Lösung all dieser schwierigen Fragen und Konflikte beitragen?

Ich bin überzeugt: eine ganz Menge, und zwar besonders jetzt! Unsere Welt wird zunehmend komplexer. Sie wird immer weniger nur durch staatliches Handeln, sondern von einer Vielzahl hochflexibler, miteinander vernetzter und interagierender zivilgesellschaftlicher Akteure mitbestimmt. Diese miteinzubeziehen und mitzudenken, ist unerlässlich, um unseren Handlungsspielraum zu erweitern. Wo wir mit Methoden der klassischen Diplomatie allein nicht weiter kommen, brauchen wir, was Willy Brandt einst als „Arbeit an der Weltvernunft" bezeichnete: eine kulturelle Zusammenarbeit, die im vorpolitischen Raum den Boden für politische Verständigung bereitet.

Dabei ist klar: Im Zeitalter der Globalisierung kann sich unsere Auswärtige Kultur- und Bildungspolitik nicht allein nach ästhetischen Kriterien ausrichten, sie muss sich auch mit gesellschaftlichen Fragen beschäftigen. Mit unserer Politik wollen wir einen Beitrag zu einer humaneren Gesellschaft leisten. Das erreichen wir unter anderem, indem wir Kultur und Bildung fördern – gerade auch in Krisenzeiten und -regionen. In unserer täglichen Arbeit vertrauen und stützen wir uns dabei auf Organisationen, die sich schon seit vielen Jahren im In- und Ausland in diesem Sinn engagieren.

So wie das ifa (Institut für Auslandsbeziehungen), das 1917 als „Museum und Institut zur Kunde des Auslandsdeutschtums und zur Förderung deutscher Interessen im Ausland" auf Initiative von Theodor Wanner gegründet wurde. Noch im selben Jahr wurde es in Deutsches Ausland-Institut umbenannt. Ein „Werk des Friedens inmitten des Kriegs" sollte es sein, so formulierte es der Schirmherr König Wilhelm II. von Württemberg. Auch wenn in dieser Devise die Hoffnung auf einen baldigen Frieden mitschwingt, bieten die politischen Hintergründe, die zur Institutsgründung führten, weiterhin ein interessantes Betätigungsfeld für Geschichtsforscher.

Nach dem Ersten Weltkrieg versuchte Deutschland, auch durch kulturpolitische Maßnahmen wieder Beziehungen zu ehemaligen Bündnispartnern und neutralen Staaten aufzubauen. Mit diesem Ziel wurde 1920 die Kulturabteilung im Auswärtigen Amt geschaffen, die in den 1930er Jahren allerdings rasch in den Dienst nationalsozialistischer Propaganda gestellt wurde. Auch das Deutsche Ausland-Institut wurde zu einem Planungszentrum nationalsozialistischer Volkstumspolitik der NSDAP.

Die deutschen Kulturinstitutionen gründeten sich nach dem Ende des Zweiten Weltkriegs neu, 1949 wurde auch die Neugründung des ifa beschlossen. Schrittweise entwickelte und erweiterte sich der Kulturbegriff. Seit den 1960er Jahren steht das gesellschaftliche Potenzial, die soziale Kraft von Kultur und Bildung im Fokus.

Diese Leitlinien, die auf Offenheit und Gegenseitigkeit des kulturellen Austauschs abzielen, sind heute der Maßstab unseres Handelns. Dazu gehört unser partnerschaftlicher Dialog, die Zusammenarbeit mit der Zivilgesellschaft, der Ausbau der Beziehungen mit Entwicklungsländern und die Vermittlung eines wirklichkeitsnahen Deutschlandbildes. Auswärtige Kultur- und Bildungspolitik ist zu einem unverzichtbaren Bestandteil der Außenpolitik geworden.

Unsere Geschichte und die aus ihr erwachsene Verantwortung, für eine friedliche Weltordnung einzutreten, leiten uns bis heute. Wir wollen und können die historische Verantwortung nicht wie ein altes Kleidungsstück abstreifen und beiseitelegen. Sie ist Teil unserer kulturellen Identität und bestimmt unser Denken und Handeln. Sie ermutigt uns und fördert unser politisches Handeln, unseren Einsatz für Toleranz, Frieden und eine pluralistische Gesellschaft.

Wir sind uns bewusst, dass wir nur gemeinsam mit unseren europäischen und internationalen Partnern Antworten auf aktuelle politische Fragen finden können. Deutschland ist so vernetzt wie kaum ein anderes Land. In einer Zeit, in der die internationalen Ordnungsstrukturen Fliehkräften ausgesetzt sind, müssen wir unser ganzes politisches Gewicht in die Waagschale werfen, um die Bausteine der internationalen Ordnung zusammenzuhalten oder sinnvoll neu zu ordnen. Nur mit klaren und belastbaren Strukturen kann es uns gelingen, einen verlässlichen Rahmen für internationale Politik herzustellen.

Strukturen internationaler Ordnung sind nicht naturgegeben, sondern basieren auf Dialog und Verhandlung. Wenn wir eine stabile, auf breite Akzeptanz gegründete Ordnung herstellen wollen, müssen wir einander zuhören und verstehen. Dies hilft uns zu verhindern, dass aus Unterschieden Missverständnisse, dass aus Missverständnissen Konflikte und aus Konflikten Kriege entstehen. Eine der vordringlichsten Aufgaben der Auswärtigen Kultur- und Bildungspolitik ist es daher, Freiheitsräume für Dialog und Diskurs, für Kreativität und Verständigung zu schaffen.

Mit seinem Engagement fördert das ifa den Zugang zu Kultur und Bildung über kulturelle, religiöse und soziale Grenzen hinweg. Dabei hat es die Koproduktion von Bildung, Wissen und Kultur zu einem Schwerpunkt der Kulturbeziehungen gemacht. Innovative Begleitveranstaltungen zu Kunstausstellungen, das *CrossCulture*-Programm sowie andere Formate stehen beispielhaft dafür.

Natürlich gibt es keine Garantie, dass solche Bemühungen Erfolg haben und zu einer friedlichen Lösung der Konflikte dieser Welt beitragen. Aber eines ist sicher: Wenn wir die Chancen zur Verständigung in all diesen

Konflikten überhaupt erhalten wollen, dann spielt die Zusammenarbeit mit und zwischen den Zivilgesellschaften eine immer entscheidendere Rolle. Ich bin den deutschen Kultur- und Bildungseinrichtungen dankbar dafür, dass sie sich dieser zentralen Aufgabe gemeinsam mit dem Auswärtigen Amt widmen. Insbesondere dem ifa, unserem ältesten Kulturmittler, danke ich ausdrücklich dafür, dass es inmitten von wachsender Verunsicherung und sich auflösender Ordnungen wichtige Friedensarbeit leistet und so im besten denkbaren Sinn an seine Gründungsdevise anknüpft.

Frank-Walter Steinmeier, geboren 1956 in Detmold, studierte Rechtswissenschaften und arbeitete zunächst einige Jahre als wissenschaftlicher Assistent an der Universität Gießen, bevor er Anfang der 1990er Jahre in die Politik wechselte. In der niedersächsischen Landesregierung leitete er das Büro von Gerhard Schröder und war Chef der Staatskanzlei. Nach dem Regierungswechsel im Bund 1998 wurde er Staatssekretär, bald darauf auch Chef des Bundeskanzleramts. Wichtige rot-grüne Reformprojekte wie der Atomausstieg und die Agenda 2010 liefen bei ihm zusammen. In der großen Koalition ab 2005 war er Bundesminister des Auswärtigen, ab 2007 auch Vizekanzler. Von 2009 bis 2013 führte er die SPD-Fraktion und war Oppositionsführer im Bundestag, bis er im Dezember 2013 als Minister ins Auswärtige Amt zurückkehrte.

19
33

Bibliothek des
DAI, 1933

Deutsches
Ausland-
Institut
Stuttgart

← Logo des DAI, 1933–1945
↓ Umzug zum Tag der Arbeit vor dem Hotel Silber (Zentrale der Gestapo für Württemberg) und dem DAI in der Dorotheenstraße, 1. Mai 1933

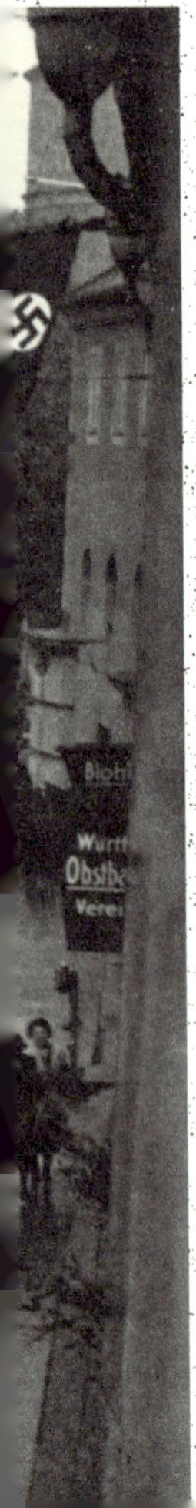

↑ Plakat des Stuttgarter Fremdenverkehrsvereins, 1934/1938

Heute mag das überraschen, doch noch in den 1960er Jahren verkündete der damalige Generalsekretär, Michael Rehs, über die Vorläuferorganisation seines Instituts: „Das Deutsche Ausland-Institut war niemals gleichgeschaltet.“ Allen Tatsachen zum Trotz hatte sich nach 1945 die Überzeugung durchgesetzt, das DAI habe sich während des „Dritten Reichs“ nichts zu Schulden kommen lassen.

Das Deutsche Ausland-Institut 1933–1945

Katja Gesche

Erst als 1964 das DAI betreffende Unterlagen aus den USA den Weg in bundesdeutsche Archive fanden, geriet das Bild eines politisch neutralen Instituts ins Wanken, und schließlich räumte Ernst Ritter 1976 in seiner Dissertation endgültig damit auf.

Gleichschaltung und Aufstieg des DAI

Die nationalsozialistische „Machtergreifung" bedeutete für das Deutsche Ausland-Institut (DAI) eine einschneidende Zäsur. Nicht nur kam es zu einem Führungswechsel, sondern das DAI nahm auch den Konkurrenzkampf mit neuen Institutionen wie der Auslandsorganisation der NSDAP auf, wobei es sich schon nach einer kurzen Orientierungsphase erstaunlich gut behauptete.

Hatte das Institut zuvor vor allem Ausstellungen organisiert und Ausreisewillige beraten, so verlegte es nach 1933 seine Aktivitäten auf eine direkte Kontaktpflege mit Auslandsdeutschen. Offizielles Ziel war, wie in der 1934 aufgelegten Broschüre „Neue Aufgaben des Deutschen Ausland-Instituts" beschrieben, die „Erziehung der Auslandsdeutschen im Sinne einer einheitlichen deutschen Weltanschauung, gleichsam zu Soldaten des Dritten Reichs."

Diesen markigen Worten war die Gleichschaltung des DAI vorausgegangen: Am 7. März 1933 hatte die SA das Haus des Deutschtums, den Sitz des DAI, besetzt und die Hakenkreuzflagge gehisst. Der bisherige Generalsekretär Fritz Wertheimer wurde, weil er Jude war, am Eintreten gehindert und „beurlaubt". 1938 emigrierte er nach Brasilien. Auch Gründer und Vorstandsvorsitzender Theodor Wanner wurde aus dem Amt gedrängt. Die Abteilungsleiter blieben dagegen unbehelligt.

Eine Kommission, besetzt mit lokalen Vertretern aus Politik und Wissenschaft, sollte Nachfolger für diese bewährten Führungskräfte finden. Schnell stand für das Amt des Vorsitzenden – später Präsident genannt – der aufstrebende neue Stuttgarter Oberbürgermeister Karl Strölin fest. Schwerer fiel die Besetzung des Institutsleiters. Die Wahl fiel auf Richard Csaki, ehemaliger Lehrer und Redakteur und aus alter siebenbürgischer Familie. Dieser hielt sich allerdings als Führungspersönlichkeit zurück, ließ den Abteilungsleitern viel Spielraum und gab sein Amt 1941 an den strammen Nationalsozialisten Hermann Rüdiger ab.

Das DAI setzte seine Arbeit, wenn auch mit neuer Ausrichtung, nicht nur während des Nationalsozialismus fort, sondern es vergrößerte sich in dieser Zeit sogar erheblich. Hatten dort 1933 noch 52 Menschen gearbeitet, so hatte es bei Kriegsausbruch schon 157 Angestellte. Auch sein Etat stieg zwischen 1933 und 1942 von 300 000 auf 1,4 Millionen Reichsmark und blieb bis 1944 auf hohem Niveau stabil. Zu den bisherigen Geldgebern der öffentlichen Hand – dem Innenministerium, dem Auswärtigen Amt, dem Land Württemberg und der Stadt Stuttgart – gesellte sich ab 1935 das Propagandaministerium.

Die Expansion des Instituts zeigt, wie wichtig das DAI für die neuen Machthaber etwa als Lieferant von Propagandamaterial im Bereich „Auslandsdeutschtum" war. Auch bemühte sich das DAI so erfolgreich darum, staatliche, parteiliche und militärische Organisationen mit ausländischen Presseartikeln zu versorgen, dass sich das Außenpolitische Amt der NSDAP 1934 davon geradezu überschwemmt fühlte. Darüber hinaus hielt das DAI wie schon während der Weimarer Republik Fachvorträge, die sich vor allem an das Militär wandten.

Kriegsanstrengungen des DAI

Nach Ausbruch des Zweiten Weltkriegs steigerte das DAI seine Aktivität noch. Schon am 31. August 1939 begann das Institut, einen „Sonderinformationsdienst" für Wehrmachtsstellen herauszugeben. DAI-Publikationen und Ausstellungen in den besetzten Ostgebieten dienten dazu, die Gebietsansprüche der Deutschen zu legitimieren, wobei Theorien bemüht wurden, die den Osten als sogenannten deutschen „Volksboden" bzw. „Kulturboden" beschrieben. Hatte das DAI Deutschtum vor 1933 noch kulturell definiert, so passte es sich immer mehr dem rassistischen Vokabular der Nationalsozialisten an. Auch der sogar räumlich benachbarten Gestapo leistete das DAI willig Amtshilfe, indem es Auskunft über Personen gab, die offizielle Auslandsbesuche planten.

DAI-Mitarbeiter reisten bis Mitte 1942 selbst häufig in den Osten. Dort verfassten sie nicht nur Berichte über Deutschstämmige, sondern dokumentierten in neutralen oder verbündeten Staaten auch kriegsrelevante Vorkommnisse. Gen Westen, insbesondere auf die USA, richtete sich die Initiative des DAI ebenfalls, das sich bemühte, dort lebende Deutschstämmige ideologisch enger an das Deutsche Reich zu binden und so einen Kriegseintritt der USA zu erschweren.

Auch unmittelbar nahm das DAI Einfluss auf das Kriegsgeschehen, besaß es doch in seinen Archiven Karten, welche die Verteilung der Bevölkerungsgruppen in Osteuropa darstellten und somit wesentliche Informationen für Umsiedlungsaktionen und Deportationen in den besetzten Gebieten bereitstellten. Bei den Umsiedlungen, nicht zuletzt in der Folge des Hitler-Stalin-Pakts, war das DAI somit intensiv an der Vorbereitung wie an der Auswertung beteiligt und arbeitete eng mit der SS zusammen.

Bemerkenswert ist in diesem Zusammenhang ein gescheiterter Sabotageakt 1942 in den USA. DAI-Mitarbeiter Walter Kappe, schon 1923 der NSDAP beigetreten, leitete dabei einige Spione an und versorgte sie mit Plänen, um die Aluminiumproduktion in den USA zu sabotieren. Ein Mitglied verriet die Gruppe jedoch direkt nach Ankunft in den USA an die dortigen Behörden.

Durch den weiteren Kriegsverlauf zugunsten der Alliierten wurde die Arbeit des DAI schließlich immer weiter eingeschränkt, bis sie 1943 zunächst endete, als es der Volksdeutschen Mittelstelle unterstellt wurde, und bis zur Neugründung 1949 unter heutigem Namen ruhte.

Katja Gesche promovierte 2004 im Fach Politikwissenschaft über Kultur als außenpolitisches Instrument totalitärer Staaten am Beispiel des Deutschen Ausland-Instituts. Sie lebt als freie Journalistin und Schriftstellerin im hessischen Odenwald.

1936

Trachtenzug anlässlich der Eröffnungsfeier zur Einweihung des „Ehrenmals der deutschen Leistung im Ausland“ vor dem DAI, 27. August 1936

↑ Stuttgart nach dem Zweiten Weltkrieg, 1948
→ Das Institutsgebäude nach dem Wiederaufbau, 1948

↓ Bundeskanzler Konrad Adenauer (rechts) im Gespräch mit Bundespräsident Theodor Heuss am Rande der Eröffnung des Bundesverfassungsgerichts, 28. September 1951

Selbstfindung mit Umwegen – Das ifa nach 1945

Peter Ulrich Weiß

Wenn es um die Anfänge des ifa (Instituts für Auslandsbeziehungen) geht, wird gern Theodor Heuss zitiert. Der sprach 1951 begeistert vom neu gegründeten ifa als einer bundesdeutschen „Elementarschule für den Verkehr mit dem Ausland“, einem künftigen „Umschlagplatz“ im kulturellen Geben und Nehmen. Nicht mehr außenpolitisches Instrument, sondern selbstständige Plattform für Völkerverständigung sollte die Einrichtung sein. Sowohl damals wie heute klingt diese Bestimmung visionär und zitierfähig. Doch wer die Schlagwortreihung zum Ausgangspunkt einer stringenten Erfolgsgeschichte nehmen will, sollte zugleich darauf hinweisen, dass die Nachkriegsgeschichte des ifa lange Zeit politisch und programmatisch von Unsicherheiten und vom Erbe der NS-Epoche geprägt war.

Es war durchaus nicht selbstverständlich, dass die Vorgängerorganisation Deutsches Ausland-Institut (DAI) nach 1945 unter ihrem alten Namen weiterbestehen konnte. Heute ist hinlänglich belegt, dass das aus 130 Mitarbeitern bestehende DAI im „Dritten Reich“ keineswegs unbelastet geblieben war. Davon gingen auch die Alliierten aus. Eine Vielzahl falscher Leumundsbekundungen und geschönter Darstellungen vermochte den Behörden jedoch vorzugaukeln, es handle sich um eine politisch harmlose Einrichtung. Einer Handvoll verbliebener Mitarbeiter gelang es, im Nachkriegschaos etliches an Inventar und Altkontakten zu retten. Doch in kulturpolitischer Hinsicht war die Arbeit des Instituts ein unbeachtetes Dümpeln in der deutschen „Trümmergesellschaft“.

Der Einschnitt kam mit der Gründung der Bundesrepublik – auch symbolisch. Als man neben dem Logo noch den Namen ändern wollte, wurde zunächst einmal Widerspruch laut. Politiker wie Heuss und andere argumentierten dagegen, mit Verweis auf Tradition und internationale Erkennbarkeit. Erst die württembergisch-badische Landesregierung erzwang unter Androhung, das Stuttgarter Institut weder zu fördern noch anzuerkennen, die Umbenennung zum 5. Juli 1949. Dennoch dauerte es anschließend zwei Jahre bis zur feierlichen Einweihung des neuen Instituts und seiner Räumlichkeiten.

Der Gestus der Erneuerung bestimmte die Anfangsschritte. Zum ersten Generalsekretär wurde Franz Thierfelder berufen. Doch eine Stunde null bezeugt diese Maßnahme nicht. Der umtriebige Thierfelder gehörte zu den schillerndsten und zugleich widersprüchlichsten Akteuren jener Zeit. Als Generalsekretär der Deutschen Akademie mit Schwerpunkt „Erforschung und Pflege des Deutschtums" hatte er sich in den 1930er Jahren der NS-Ideologie angepasst und in diesem Sinne auch sprachpolitisch publiziert. Leidenschaftlich kämpfte er nach 1945 für die Wiederherstellung der Akademie und platzierte sich in verschiedenen kulturpolitischen Kreisen und Institutionen, unter anderem im Vorstand des Goethe-Instituts. Sein Wirken steht stellvertretend für die Nachkriegsgeschichte der bundesdeutschen Außenkulturpolitik, deren Dynamik vor allem aus dem Handeln von Einzelpersönlichkeiten und deren Netzwerken erwuchs.

Thierfelder, der wie viele andere „Volkstumsforscher" die Entnazifizierung unbeschadet überstanden hatte, verwarf nun alte Vorstellungen und wurde Botschafter des Neuen: „Das Fremde verständlich zu machen und das Eigene der fremden Welt nahe zu bringen: dies ist der tiefste Sinn des Instituts für Auslandsbeziehungen", erklärte er in der ersten Ausgabe der hauseigenen „Mitteilungen". Den früheren Glauben, das „Auslandsdeutschtum" könne als Brücke zum Fremden dienen, bezeichnete er hingegen als „wohlgemeinten Irrtum". So polemisierte er denn auch gegen den 1955 wiederbelebten „Verein für das Deutschtum im Ausland", dessen rückwärtsgewandtes Deutschlandbild er ablehnte. Es war eine Mischung aus inhaltlicher Überzeugung und politischem Kalkül, die ihn, der das Amt bis 1960 bekleidete, in seinem Tun antrieb und als gewandelten Vertreter fortschrittlicher Außenkulturpolitik auswies. Die Abkehr von der Vergangenheit wurde im Auswärtigen Amt positiv aufgenommen und mit existenzsichernden Zuschüssen honoriert. Gleichwohl blieb die finanzielle Ausstattung des ifa über Jahre bescheiden.

Auswandererberatung, eigene Zeitschrift, Ausbau der Bibliothek, Auslandsversand von Büchergaben, Organisation von Ausstellungen – die ersten Aufgaben klangen vielfältig. Tatsächlich jedoch blieb nach der Gründungseuphorie der Wirkungsgrad begrenzt. Die Schwierigkeiten waren immens: weggebrochene Beziehungen und Kontakte, insbesondere nach Osteuropa; Hemmnisse und Barrieren durch NS-Vergangenheit und Kalten Krieg; eine Außenpolitik, die der Kultur nur wenig Bedeutung beimaß; programmatische Profilschwankungen und Umorientierungen; inhaltliche Überschneidungen und Konkurrenz mit anderen Mittlerorganisationen, insbesondere dem Goethe-Institut; geringer finanzieller und personeller Spielraum; eingeschränkte Sichtbarkeit im Ausland. Die Suche nach der Prägekraft und der eigenen Stimme im kulturpolitischen Konzert hielt bis weit in die 1960er Jahre hinein an – typisch für den langen Weg, den die Auswärtige Kulturpolitik vom „zweiten Gleis zur dritten Bühne" (Frank Trommler) ging. Dieser Umstand führte auch dazu, dass bis heute nur selten die Rede vom ifa ist, wenn es um die Außenpolitik-Geschichte der Bundesrepublik geht. Hier könnte ein Blickwechsel Abhilfe schaffen. Das ifa als Teil der Demokratisierungsgeschichte westdeutscher Institutionen und Eliten: da gäbe es viel zu erzählen.

Peter Ulrich Weiß ist Historiker am Zentrum für Zeithistorische Forschung Potsdam. Er promovierte über die Geschichte der deutsch-deutschen Kulturkonkurrenz in Rumänien während des Kalten Krieges. Weiß lebt in Potsdam.

1951

Aufbau der Beziehungen nach dem Zweiten Weltkrieg, ein Besucher aus Indien

Kulturtransfer mit allen Sinnen

Annika Niemann

Es ist Sommer und auf dem Boden der ifa-Galerie Berlin liegen Jugendliche mit geschlossenen Augen und schärfen ihren Geruchssinn. In einer unsichtbaren Installation schweben unterschiedliche Duftnoten durch den Galerieraum. Mal verdichten sie sich zu intensiven Wolken, mal sind sie nicht mehr als eine Ahnung oder der Hauch einer Erinnerung, hier und dort vermischen und überlagern sie sich zu komplexen Duftgebilden. Diese Geruchskomposition ist das Ergebnis einer vielschichtigen kulturellen Übersetzung, welche die japanische Künstlerin Megumi Matsubara während eines Aufenthalts in Marokko initiierte: Sie bat einen ortsansässigen Olfaktor, ihre poetischen Texte über Marokko in Düfte zu „übersetzen". Dieser duftpoetische Kulturaustausch wurde 2015 beim Ausstellungsrundgang in Berlin zum sinnlichen Erlebnis. Und für die Schüler einer achten Klasse, die erst kurz in Deutschland lebten und ganz unterschiedliche Sprachen und Erfahrungen einbrachten, zum Anlass, im Rahmen des Kunstvermittlungsprojektes *sounding difference* gemeinsam mit der Künstlerin Nadin Reschke und mir in einen

↑ Eröffnung der Ausstellung „Carrefour / Treffpunkt“ in der ifa-Galerie Berlin, 2015
← Megumi Matsubara spricht anlässlich der Ausstellung „Carrefour / Treffpunkt“, 2015

↓ Eröffnung der Ausstellung „Kubus oder Kuppeln“ in der ifa-Galerie Berlin, 2012

lebhaften Austausch über Möglichkeiten und Grenzen des Übersetzens zu treten: Wie klingt Vielfalt? Was macht sprachlos? Wie lassen sich Erfahrungen jenseits der Worte zum Ausdruck bringen? Was ist unübersetzbar?

Lost in Translation?

Kulturelle Übersetzungen und das (Er-)Finden neuer Sprachen waren auch Thema der Ausstellung „Carrefour / Treffpunkt – Die Marrakech Biennale und darüber hinaus", die 2015 in den ifa-Galerien Berlin und Stuttgart gezeigt wurde. Künstler waren eingeladen, neue Formen der Begegnung, des Austauschs und der Reise hin zum Anderen zu erproben.

Von dieser Herangehensweise ist das Programm der Galerien Berlin und Stuttgart grundsätzlich geprägt. Diese verstehen sich als Plattformen für Dialoge zwischen Menschen und Kulturen. Seit 1971 (Stuttgart) und 1991 (Berlin) zeigen die Galerien als maßgebliche Institutionen im internationalen Kunstaustausch aktuelle Kunst, Architektur und aktuelles Design aus Afrika, Asien, Lateinamerika und Osteuropa. Rahmenprogramme zu den Ausstellungen bringen globale Fragen in Resonanz mit lokalen Lebens- und Erfahrungsräumen und verknüpfen sie mit transnationalen Perspektiven und Stimmen: So zeigte etwa die Ausstellung „Kubus oder Kuppel" (2012) neue Perspektiven zeitgenössischer Moscheenarchitektur und stellte innovative gestalterische Aspekte den oft kontrovers geführten Debatten zum Islam gegenüber.

In den Jahren 2014/15 wurden mit „Klasse Schule – So baut die Welt" internationale Beispiele aktueller Schulbauten vorgestellt. Dabei ging es um Bauten, die den Raum als „dritten Pädagogen" verstehen und an deren Gestaltung Lernende und Lehrende teilhatten. Schüler aus Stuttgart und Berlin waren mit der Ausstellung eingeladen, neue Sichtweisen und künstlerische Interventionen für den eigenen Schulraum zu erproben.

Aktuellen Praktiken des Teilens widmete sich 2016 das experimentelle Recherche- und Ausstellungsprojekt „Politik des Teilens – Über kollektives Wissen", eine Kooperation mit Artspace aus Auckland, Neuseeland. Zwei offene Vermittlungsformate bildeten den Auftakt: Während das transdisziplinäre Kollektiv KUNCI Cultural Studies Center aus Yogyakarta die ifa-Galerie Berlin für vier Wochen in eine Radiostation verwandelte und mit geladenen Gästen und Publikum das indonesische *numpang* als eine Praxis des geteilten Raums ausprobierte, lud die ifa-Galerie Stuttgart lokale Initiativen der Sharing Economy ein, die neue Kulturen des Teilens als einen radikalen Gegenentwurf zur eingeübten ökonomischen Praxis vorstellten.

Transdisziplinäre Erforschungen des Zwischenraums

Das Teilen von Wissen und transnationales Miteinanderlernen sind erklärte Ziele der ifa-Galerien. Als Orte der Vielfalt und Vielstimmigkeit stehen sie für verschiedene

Ausdrucksweisen und Perspektiven, Erfahrungs- und Diskursräume, kuratorische Stimmen und mögliche Lesarten: Ausstellungen werden tänzerisch erkundet und choreografisch kommentiert, in den Stadtraum verlagert oder mit Stimmimprovisationen zum Klingen gebracht.

Übersetzungen von Auge zu Ohr stehen auch im Zentrum eines neuen Vermittlungsformats der ifa-Galerie Stuttgart: Seit einiger Zeit werden dort spezielle Ausstellungsrundgänge für sehbehinderte Menschen angeboten. Nach einer Blindenführung durch die Fotografieausstellung „Zeitsprung" mit Werken von Erich Salomon und Barbara Klemm (2016) fasste ein Teilnehmer seine Erfahrung so in Worte: „Du leihst uns deine Augen, durch dich können wir wenigstens zeitweise wieder sehen."

Verknüpfungen

Vor mehr als 25 bzw. 5 Jahren sind die ifa-Galerien angetreten, eurozentrische Sichtweisen auf die Welt und auf Kulturen aufzubrechen. Im Sinne der „Zweibahnstraße" auswärtiger Kultur- und Bildungspolitik wollen sie dem Ausstellungspublikum in Deutschland aktuelle Kunst aus Afrika, Asien, Lateinamerika und Osteuropa zugänglich machen: Als ein Ort der Begegnung, des Austauschs und der gemeinsamen Wissensproduktion. Dabei gilt es, alle Menschen, unabhängig von Herkunft, Alter oder Einschränkungen, mit ihren Expertisen, Erfahrungen und Stimmen einzubinden, um Kunsterleben und Kulturaustausch im eigentlichen Sinne zu ermöglichen.

Annika Niemann arbeitet als Kunstvermittlerin, Kuratorin und Kulturagentin seit über zehn Jahren unter anderem für die ifa-Galerie Berlin sowie für das Referat Kunst im Deutschen Bundestag. Dabei interessieren sie vor allem partizipatorische und transdisziplinäre Formate der Wissensproduktion.

Ausstellung „Religiöse Kunst Äthiopiens“ in der ifa-Galerie Stuttgart – damals noch „Forum für Kulturaustausch“

1973

Ein Ort, an dem Menschen zusammen-kommen

Gülsün Karamustafa
Ein Portrait von Anne Haeming

Drei mit einem weißem Stofffetzen aneinander gewickelte Silberlöffel, die auf dem Boden liegen – damit fing alles an, damals, 1994. „Heimat ist, wo man isst", heißt dieses Werk, mit dem die Zusammenarbeit zwischen dem ifa und Gülsün Karamustafa begann, als ihre Arbeit zum ersten Mal im Rahmen einer Gruppenausstellung in der ifa-Galerie gezeigt wurde. Und der Kontext, in dem diese Löffel nun 2016, fast 20 Jahre später, zu sehen sind, demonstriert, welche Bedeutung die türkische Künstlerin inzwischen hierzulande hat: Die Arbeit ist Teil ihrer ersten großen Retrospektive außerhalb der Türkei, nämlich im Hamburger Bahnhof – Museum für Gegenwart in Berlin.

Dass das ifa eine Sonderstellung in ihrer Karriere einnimmt, erklärt sich nicht nur aus der „Kontinuität" und „Loyalität" dieser Beziehung, die Karamustafa immer wieder betont. Es ist vor allem die Haltung der Institution, die ihrer Meinung

← ↓ Installation *Etiquette* in der ifa-Galerie Stuttgart, 2011

nach Vorbildcharakter hat: „Damals, in den Jahren nach dem Fall der Mauer und dem Ende des Kalten Krieges, verschob sich auch in der Kunstwelt der Fokus auf einmal vom Zentrum zur Peripherie – ein Paradigmenwechsel, bei dem das ifa eine essenzielle Rolle spielte", sagt die 1946 geborene Künstlerin, die sich in ihren Arbeiten auch mit Migrationsidentitäten auseinandersetzt.

Wie sehr sie sich dem ifa verbunden fühlt, wird klar, wenn sie über die Installation *Etiquette* spricht, die sie 2011 zum 40-jährigen Jubiläum der Stuttgarter Galerie schuf. „Es war das erste Mal, dass ich sie nach der Renovierung sah", erzählt Karamustafa. „Ich betrat diesen großen, lichtdurchfluteten, offenen Raum, und dieser Augenblick inspirierte mich so, dass ich wusste, was ich für das Jubiläum machen würde." Sie stellte einen riesigen Tisch in die Mitte, 18 Meter lang. Die freigelegten Rohre und die tragenden Säulen strukturierten den Raum drumherum wie ein Muster. „So ein großer Esstisch hat etwas Feierliches", sagt Karamustafa. „Er ist ein Ort, an dem Menschen zusammenkommen, sich kennenlernen und Ideen austauschen – wie das ifa selbst."

Gülsün Karamustafa (geboren 1946 in Ankara) hat die zeitgenössische Kunst der Türkei geprägt wie keine Zweite. Ihr Œuvre umspannt über 40 Jahre, die Vielfalt ihres Ausdrucks ist enorm. Karamustafa nutzt Malerei, Skulptur, Installation, Video und Performance, immer wieder durchwoben mit popkulturellen Elementen, um Themen wie Migration, Gender oder die Geschichte der Türkei zu behandeln. Sie lebt in Istanbul.

Anne Haeming ist Kulturjournalistin und lebt in Berlin.

Mit dem ifa verbinde ich im Wesentlichen zwei Dinge: erstens den Kunstaustausch, wie er mit der Darstellung zeitgenössischer Kunst aus dem Ausland in den ifa-Galerien sowie mit den weltweiten Ausstellungen zeitgenössischer deutscher Kunst stattfindet; zweitens „Kulturaustausch“, eine Zeitschrift, die das Ohr am Puls der Zeit hat – und noch größere Aufmerksamkeit verdient.

Das Engagement des ifa für die zeitgenössische Kunst war immer sehr groß und hat vieles bewirkt. Nicht unwesentlich ist dabei, das es manchen Künstlern gewissermaßen die Treue hält. Die Künstlerin Rebecca Horn ist dafür ein gutes Beispiel. Ihre Ausstellung in Maribor war sicherlich eines der wichtigsten Ereignisse anlässlich der „Europäischen Kulturhauptstadt 2012“.

Während meiner Tätigkeit beim Goethe-Institut habe ich die Zusammenarbeit mit dem ifa bei der Vermittlung von Tourneeausstellungen immer als sehr erfreulich empfunden. Ich wünsche dem ifa, dass seine dialogische Arbeit, die Kunstvermittlung und die Zeitschrift „Kulturaustausch“ weiter gedeihen.

Heute steht die auswärtige Kulturarbeit vor immensen Herausforderungen in Anbetracht politischer Entwicklungen wie z.B. in der Türkei oder im gesamten Nahen Osten. Doch erfolgreiche Kulturarbeit ist leise, kontinuierlich, optimistisch und hartnäckig. Sie vertraut zu Recht darauf, dass irgendwann wieder Verhältnisse eintreten, in denen sich die über die Zeit gespannten Netzwerke wieder auszahlen. In diesem Sinne wünsche ich dem ifa Erfolg auf dem eingeschlagenen Weg und das Wohlwollen zahlreicher Förderer.

Joachim Sartorius war von 1996 bis 2000 Generalsekretär des Goethe-Instituts und leitete von 2001 bis 2011 die Berliner Festspiele. Er ist Lyriker und Übersetzer und lebt in Berlin.

↑ Die Zeitschrift „Kulturaustausch“ wird seit 1951 herausgegeben, bis 1962 als „Mitteilungen“, 1962–2006 als „Zeitschrift für Kulturaustausch“. 1970 gibt sie einen Einblick in die algerisch-deutschen Beziehungen.

↑ 150 Jahre Unabhängigkeit von Portugal – Anlass für den Brasilien-Schwerpunkt 1972, auf dem Titelbild São Paulo

↑ 5 Jahre nach dem Zerfall der Sowjetunion – 1996 fragt die „Zeitschrift für Kulturaustausch" nach dem Status Quo der Kulturbeziehungen mit Mittel- und Osteuropa.

↑ Wie steht es um die Zukunft der transatlantischen Beziehungen nach dem Ende des Kalten Kriegs? 1998 stehen die amerikanisch-deutschen Beziehungen im Fokus.

↑ Seit 2006 erscheint die Zeitschrift unter dem Namen „Kulturaustausch". 2016 erkundet sie die fragile Balance zwischen persönlicher Freiheit und Zugehörigkeit.

Berufseinstieg im Osten Europas

Ulrike Butmaloui

„Deutsche mögen keine Witze und lachen nicht", war der pakistanische Literaturwissenschaftler Shamshir Haider aus Lahore überzeugt, als er zum ersten Mal nach Deutschland kam. In der „Kulturzeit"-Redaktion des Fernsehsenders 3Sat in Mainz lernte er schnell, dass die Deutschen recht gut zwischen Witz und Ernst und verschiedenen Arten von Humor unterscheiden können – „wie jede Nation der Welt. Ich habe Freunde, die richtig witzig sind", sagt der Journalist inzwischen. Sein Praktikum bei 3Sat verdankt der damals 31-Jährige dem Programm *CrossCulture*-Programm (CCP), das das Institut für Auslandsbeziehungen (ifa) 2005 für die Länder der moslemischen Welt ins Leben gerufen und mittlerweile auf die Staaten der Östlichen Partnerschaft erweitert hat. Damit erhalten Berufsanfänger und junge Volontäre aus diesen Regionen die Chance auf ein Praktikum in Deutschland. Umgekehrt sammeln junge Deutsche in der Ukraine, Armenien, Georgien oder Russland erste Berufserfahrungen. Sie gehen vor Ort für acht Wochen in Jugendzentren, Hochschulen und Menschenrechtsorganisationen oder arbeiten in Kunst-, Kultur- und Medienprojekten, die von Workshops und Seminaren begleitet werden.

Hitzige Diskussionen in Asien

CrossCulture ist nur ein Beispiel dafür, wie das ifa interkulturelle Netzwerke ausbaut. Das Programm unterstützt die Politik des Auswärtigen Amtes, dessen Auswärtige Kultur- und Bildungspolitik darauf baut, dass Beziehungen, die über Dialog, Kulturaustausch und Bildung entstehen, beständig und auf lange Sicht verlässlich sind. Dafür musste sich das ifa immer wieder aktuellen Gegebenheiten anpassen: Die letzte große Umstrukturierung fand in den 1990er Jahren statt, als sich der Osten Europas von seinen alten politischen und wirtschaftlichen Systemen verabschiedete. Die drei neu geschaffenen Facharbeitsgruppen (Ausstellung, Veranstaltungen und Medienarbeit) und die Umwandlung des Instituts 1997 von einer Körperschaft des öffentlichen Rechts in einen Verein versprachen eine inhaltlich gezielte Kulturarbeit. Der neue Fokus lag auf dem internationalen Kulturdialog.

Der Verein gliedert sich nun in die Abteilungen „Kunst", „Dialoge", „Medien" und „Verwaltung". „Das ifa ist eine führende deutsche Institution im weltweiten Kulturaustausch", sagt Karoline Gil, die seit 2013 den Bereich „Integration und Medien" leitet. Dieser unterstützt die deutsche Minderheit in Mittelost- und Osteuropa und in den ehemaligen Sowjetrepubliken: „Das Potenzial der Minderheit ist groß. Sie vermittelt zwischen den Kulturen und gibt Impulse für ein vielgestaltiges Zusammenleben."

Mit der Entsendung von jungen Journalisten und Kulturmanagern aus Deutschland in Medienanstalten und Kulturinstitutionen, die von deutschen Minderheiten in Osteuropa betrieben werden, unterstützt das ifa die Einrichtungen seit über 20 Jahren. Die

Berufseinsteiger entwickeln in Polen, Ungarn und Rumänien Theaterstücke in Jugendklubs, organisieren Fotoausstellungen, Film- und Hörspielprojekte oder organisieren Fußballturniere. Das sind Angebote, durch welche die deutsche Minderheit auch für andere Menschen in ihrem Umfeld interessant wird. „Wenn sie attraktive Programme hat, kann sie selbstbewusst auftreten und wird anerkannt", ist Karoline Gil überzeugt.

So hat es auch Cornelia Riedel erlebt, als sie 2005 für zwei Jahre als ifa-Redakteurin zur „Deutschen Allgemeinen Zeitung" (DAZ) in Almaty, Kasachstan, ging. Das Blatt erscheint einmal pro Woche in Deutsch und Russisch. Seine Beiträge handeln nicht nur von Kasachstandeutschen, das kasachisch-deutsche Journalistenteam berichtet vielmehr über aktuelle Ereignisse im ganzen Land und in Zentralasien. Es gibt Nachrichten, Reportagen und Interviews zur Politik, Kultur und Gesellschaft der Kasachen und der deutschen Community. „Wir haben viel über journalistische Standards gesprochen", erinnert sich Cornelia Riedel, die heute als Redakteurin in Sachsen arbeitet. „Die Grundlagen von Recherche und Interview waren oft Thema in unserer Redaktion ebenso wie die Frage, wie Nachrichten und Meinungen voneinander abgegrenzt werden können. Da wurde auch schon mal hitzig diskutiert. Meine eigenen Standards konnte ich dort wie automatisch auf den Prüfstand stellen."

Bloggen für die Minderheit

Um eine Diskussion über die Rolle der Medien und des Journalismus in der Region anzuregen, rief die ifa-Redakteurin 2006 als Sonderprojekt die „Zentralasiatische Medienwerkstatt" (ZAM) ins Leben. „Wir wollten deutsche Nachwuchsjournalisten und junge Leute aus den zentralasiatischen Ländern zusammenbringen. Sie sollten an einem gemeinsamen journalistischen Projekt arbeiten", erzählt sie. Seitdem treffen sich jedes Jahr junge Autoren aus Deutschland und den ländlichen Gebieten Kasachstans, aus Usbekistan, Tadschikistan und Kirgistan in Almaty, um innerhalb von fünf Tagen Texte, Fotos und Filme für ihre Medien zu produzieren und über Medien und Journalismus zu diskutieren.

Damit die Texte und Themen aus solchen Projekten nicht verloren gehen, hat das ifa „Mind_Netz" gegründet. Täglich lesen die Redakteure dieses Social-Media-Projekts quer durch mehr als 40 Medien der deutschen Minderheiten Osteuropas. Interessante Beiträge aus Print, Radio und Fernsehen verbreiten sie über „Facebook", „Twitter", „YouTube" und „VKontakte". Junge Medienmacher und Blogger werden dadurch animiert, Lesenswertes über die Deutschen im Osten zu posten. Damit sich das Niveau der Redaktionen und Blogs hält, lädt das ifa jedes Jahr zu einem Fortbildungs- und Vernetzungstreffen ein, bei dem die Autoren aktuelle Medientrends kennenlernen und gemeinsam an neuen Nutzungsmöglichkeiten des Internets arbeiten können. – So muss am Ende keiner mehr glauben, die Deutschen hätten keinen Humor.

Ulrike Butmaloiu ist Journalistin und Medientrainerin für „n-ost" und IDEM (Institut für Medien, Demokratie und Kulturaustausch). Zu ihren Schwerpunkten gehört die Berichterstattung aus den Regionen Osteuropa, Zentralasien und dem Kaukasus. Sie arbeitete fünf Jahre in der Region Altai, in Moskau und in Sankt Petersburg als Redakteurin im Rahmen des ifa-Entsendeprogramms.

Unsere Erfahrung in der Integration sollte man nutzen

Olga Martens & Rosa Gosch

Rosa Gosch: Frau Martens, wie unterstützt man nationale, kulturelle Minderheiten?

Olga Martens: Entscheidend ist, ihre Sprache, Kultur und Medien kontinuierlich zu fördern. Für uns als deutsche Minderheit in Russland ist die Unterstützung durch das ifa sehr wichtig – besonders bei der Medienarbeit. Seit Gründung der „Moskauer Deutsche Zeitung" (MDZ) 1998 arbeiten wir mit dem ifa zusammen, sodass die MDZ heute ein renommiertes Medium in der deutsch-russischen Welt ist.

In welcher Weise kooperieren Sie mit dem ifa?

Im Rahmen des ifa-Entsendeprogramms arbeitet jedes Jahr ein Redakteur aus Deutschland bei der MDZ. Manchmal sind es auch zwei. So entsteht ein sehr spannender Austausch von deutschen und russischen Journalisten. Diese Zusammenarbeit zielt keineswegs nur auf die Belange der deutschen Minderheit ab, sondern soll zur Verständigung der deutsch-russischen Zivilgesellschaft insgesamt beitragen.

> „Das kulturhistorische Erbe der deutschen Minderheit in Russland zu digitalisieren, ist eine der größten Herausforderungen."

Wie geschieht das?

Neben der alltäglichen Arbeit und Produktion der Zeitung laden wir beispielsweise seit 2011 – auf Initiative einer ifa-Redakteurin – Studierende, junge Berufstätige und Experten aus Deutschland und Russland zu den „Moskauer Gesprächen" ein, um über aktuelle Themen der bilateralen Beziehungen zu diskutieren. Die MDZ macht auch bei „Mind_Netz" mit, einem neuen Social-Media-Projekt des ifa, das die Medien der deutschen Minderheiten in Osteuropa und im postsowjetischen Raum vernetzt.

Warum sind die sozialen Medien für Ihre Minderheitenarbeit so wichtig?

Wir sind als Volksgruppe auf dem ganzen russischen Territorium zerstreut. Daher ist der Kontakt über soziale Medien und digitale Kanäle sehr wichtig. Das kulturhistorische Erbe der deutschen Minderheit in Russland zu digitalisieren, ist für unsere Minderheitenarbeit derzeit auch eine der größten Herausforderungen.

Durch die Flüchtlingsströme der letzten Jahre entstehen auch in Deutschland neue Minderheiten, die es zu integrieren gilt. Was könnte man von Ihren Erfahrungen in der Minderheitenarbeit lernen?

Viele nationale Minderheiten bewegt der Umgang, besonders in der Presse, mit der aktuellen Flüchtlingssituation sehr. Manche haben auch Angst, dass durch neu ankommende Flüchtlinge traditionelle Minderheiten vergessen oder vernachlässigt werden. Mit solchen Ängsten wie mit der Integration in eine Mehrheitserfahrung insgesamt haben Deutsche in Russland sehr viel Erfahrung. Davon könnte man sicher profitieren.

Was wünschen Sie sich für die zukünftige Zusammenarbeit mit dem ifa?

Ich würde mir wünschen, dass die Bereiche Kultur und Medien stärker verbunden werden. Denn die Deutschen in Russland haben ein reiches Kulturerbe und auch eine vielfältige aktuelle Kulturszene. Und ich hoffe, dass uns das ifa mit seinem Knowhow im Bereich der digitalen Medien stärker unterstützt.

Olga Martens, geboren 1969 in Alexandrowka im Gebiet Omsk, Russland, ist Vizepräsidentin des Internationalen Verbandes der deutschen Kultur, Vizepräsidentin der Föderalistischen Union Europäischer Volksgruppen und Herausgeberin der „Moskauer Deutsche Zeitung". Sie studierte Fremdsprachen an der Pädagogischen Walichanow-Hochschule in Koktschetaw, Kasachstan, und ist seit 1992 in der deutschen Minderheitenarbeit in Russland und Kasachstan tätig. Olga Martens lebt in Moskau.

Rosa Gosch ist Journalistin und lebt in Berlin.

Kulturaustausch – die Antwort auf den Krieg!

Winfried Kretschmann

Das ifa (Institut für Auslandsbeziehungen) mit Sitz in Stuttgart blickt zurück auf ein ganzes Jahrhundert an wertvollen Erfahrungen. Dazu gratuliere ich auch im Namen der baden-württembergischen Landesregierung sehr herzlich. Der Kulturaustausch für ein friedliches und bereicherndes Zusammenleben von Völkern, Staaten und Religionen bildet die Grundlage für das Engagement des ifa und mehr denn je ist Kulturaustausch Friedensarbeit. Kulturpolitik kann Krisen mildern, Brücken bauen und nachhaltige Kooperationen initiieren.

Denn Kriege und Terror sind die Grundübel und Ursache der weltweiten Krisen verschiedenster Art, unter denen wir gegenwärtig zu leiden haben. Das vielfache Flüchtlingselend, der Zuzug von Flüchtlingen nach Europa, das Erstarken populistischer Parteien haben uns das schmerzhaft vor Augen geführt. Wir wollen nicht zulassen, dass in Europa neue Mauern errichtet werden, auch keine Mauern in den Köpfen und Herzen. Europa ist unsere Antwort auf die weltpolitischen Problemlagen des 21. Jahrhunderts. Nur ein geeintes, nur ein handlungsfähiges Europa kann in der Welt von heute für seine Grundwerte wirksam eintreten und dafür sorgen, dass diese auch in internationalen Regeln ihren Niederschlag finden. Und genau deswegen dürfen wir Europa nicht den populistischen und antieuropäischen Kräften überlassen. Sie täuschen vor, einfache Antworten und Lösungen zu haben und neigen dabei zu nationalen oder völkischen Denkmustern. Ihr Weg ist der der Abgrenzung und Spaltung.

Die Europäische Union und ihre Mitglieder sind am Scheideweg zwischen Erosion und Integration angekommen. Für uns Baden-Württemberger ist völlig klar, welchen Weg die EU einschlagen muss – und zwar in Richtung eines Mehr an Europa! Dazu gehört aber auch, dass wir Europa wieder vom Kopf auf die Füße stellen müssen. Leitprinzip dafür ist die Subsidiarität.

Als eine der am stärksten internationalisierten Regionen Europas hat Baden-Württemberg nicht nur die Möglichkeiten, sondern vor allem auch die Pflicht, Dinge auf dem internationalen Parkett zu bewegen und zu gestalten. 2014 haben wir ein großes Projekt angestoßen: Gemeinsam mit Kalifornien haben wir ein internationales Klimaschutzbündnis für Partner unterhalb der Ebene der Nationalstaaten initiiert. Seit dem Startschuss haben sich uns über 130 Unterzeichner aus mehr als 30 Staaten und sechs Kontinenten angeschlossen. Auch haben wir mit einem Sonderprogramm für schutzbedürftige traumatisierte Frauen und Kinder über 1000 Menschen aus der Region Nordirak-Kurdistan in Sicherheit nach Baden-Württemberg gebracht. Damit haben wir Opfern der Terrormiliz des sogenannten Islamischen Staats, vorwiegend Yezidinnen, geholfen. In Baden-Württemberg haben die Aufgenommenen die Möglichkeit der therapeutischen Behandlung und die Chance auf ein Leben in Frieden und Sicherheit. Unter ihnen auch die UN-Sonderbotschafterin Nadia Murad – eine unglaublich mutige und starke Stimme, um die Gräueltaten des „Islamischen Staats" anzuprangern und noch weiter ins öffentliche Bewusstsein zu rücken. Nadia Murads unermüdlicher Einsatz wurde daher folgerichtig mit dem Sacharow-Preis für geistige Freiheit und dem Vaclav-Havel-Preis des Europarates gewürdigt.

Die Initiativen zeigen, dass ausgehend von einem einzelnen deutschen Land Großes bewegt werden kann. Diese Erfolge bestärken mich darin, dass wir durch internationale Kooperationen nach wie vor viel bewegen können – sei es nun auf dem Feld der Wirtschafts-, Umwelt- oder Kulturpolitik. Gerade bei der letztgenannten verlassen wir uns weiterhin auf die Arbeit des ifa. Auswärtige Kulturpolitik gilt nicht umsonst als „dritte Säule" der Außenpolitik. Theodor Heuss hat schon 1951 den klugen Satz geprägt: „Mit Politik kann man keine Kultur machen; vielleicht kann man mit Kultur Politik machen." Wir wollen und können tatsächlich keine Kultur „machen" oder gar bestimmen. Was wir aber wollen, können und tun ist, sie nach Kräften zu fördern. Unsere Kulturförderung hält sich dabei an die vier Grundsätze: Liberalität, Pluralität, Subsidiarität und Dezentralität. Wir meinen, dass diese Grundsätze nicht nur der Kunst und den Künstlern im Lande förderlich und dienlich sind. Sondern, dass dies auch genau die Kriterien für ein Europa sind, das wir uns wünschen und das wir brauchen!

Kultur bedeutet Herkunft, sie schafft Identität und stärkt den gesellschaftlichen Zusammenhalt. Gerade Europa bezieht ihre Kraft aus der Vielfalt und der regionalen Verwurzelung ihrer Kultur. So sind es vor allem auch die Kulturschaffenden und Künstler, die Netzwerke aufbauen, Denkblockaden überwinden und die internationale Verständigung voran bringen. Kultur und die Künste schärfen unseren kritischen Blick auf das alte und das neue Europa. Sie vermitteln uns Erfahrungen mit Fremdem, sie schaffen Distanz zu Gewohntem, sie lehren Empathie – weit über die Grenzen Europas hinaus. Sie zeigen die Vielfalt, die uns zusammenhält. Ich bin deshalb dankbar für alle Institutionen und Akteure, die in diesem Sinne Kultur über alle Grenzen tragen.

Winfried Kretschmann, geboren 1948 in Spaichingen, studierte Biologie und Chemie für das Lehramt an Gymnasien und war nach seinem zweiten Staatsexamen als Lehrer tätig. Seit Studententagen politisch aktiv, gründete Kretschmann 1979 mit anderen die Grünen in Baden-Württemberg und wurde 1980 Mitglied der ersten grünen Fraktion im baden-württembergischen Landtag. Der hessische Umweltminister Joschka Fischer holte ihn 1986 als Grundsatzreferent ins erste grüne Umweltministerium. Zwei Jahre später kehrte er in den baden-württembergischen Landtag zurück. 2002 wurde Kretschmann zum Fraktionsvorsitzenden seiner Partei gewählt und blieb dies bis 2011. Am 12. Mai 2016 wählte der Landtag Winfried Kretschmann erneut zum Ministerpräsidenten von Baden-Württemberg. Zum ersten Mal war Kretschmann am 12. Mai 2011 zum Regierungschef gewählt worden.

↑ Proteste auf dem Tahrir-Platz in Kairo während des Arabischen Frühlings, Mai 2012

Dialog auf Augenhöhe – Der interkulturelle Austausch

Christopher Resch

Das ifa ist mit mehreren Projektlinien ein wichtiger Pfeiler der deutschen Auswärtigen Kultur- und Bildungspolitik. Ein Kern seiner Arbeit im grenzüber schreitenden Austausch ist das *CrossCulture*-Programm, mit dem das ifa schon über 500 Multiplikatoren im arabisch-islamischen Raum erreicht hat.

Drei Sommermonate in Asma Abidis Leben wirken bis heute nach: Mitte 2014 nahm die Tunesierin am *CrossCulture*-Programm (CCP) des ifa teil. Sie arbeitete bei der deutschen Medien-NGO MiCT in Berlin. „Das CCP war für mich ein Türöffner, es hat mein Engagement für kulturelle Initiativen erst so richtig angestoßen", sagt die 27-Jährige heute. Besonders stolz ist Abidi auf das Dokumentationsprojekt *The Wedding,* mit dem sich Tunesier und Europäer über das Mittelmeer hinweg einander annähern sollten. „Wir haben uns mit der Wahrnehmung von Grenzen beschäftigt – kulturellen, sozialen und physischen."

Grenzen, die in beide Richtungen überquerbar sind, verlieren ihre abschottende Wirkung. Das weiß kaum einer so genau wie Urban Beckmann: Der Leiter der Abteilung „Dialoge" des ifa steht für das Engagement, Grenzen in den Köpfen abzubauen, Stereotype über „den Anderen" zu widerlegen und Bilder vom vermeintlichen Schreckgespenst Islam zu bekämpfen. Der Kern dabei, so Beckmann: „Der Dialog muss immer beidseitig sein." Das ifa ist ein zentraler Teil der deutschen Auswärtigen Kultur- und Bildungspolitik, die sich vor allem seit 2002 aktiv dem Dialog über politische und kulturelle Grenzen hinweg widmet. Damals wurde, als Reaktion auf die verheerenden Anschläge vom 11. September 2001 in New York, der „Europäisch-islamische Kulturdialog" intensiviert – mit dem Ziel, die Menschen dieser stark miteinander verwobenen, aber sehr unterschiedlichen Kulturräume einander näherzubringen.

Das geht nicht von heute auf morgen, schließlich leben in beiden Regionen insgesamt fast eine Milliarde Menschen. Als Teil eines multidimensionalen Ansatzes entwickelte das ifa die Strategie, sich vor allem an die „Dialogmotoren" zu wenden, wie Beckmann sie beschreibt. Einzelne Akteure können als

Multiplikatoren die Entwicklung einer Gesellschaft nachhaltig beeinflussen. Herausragendes Beispiel ist das *CrossCulture*-Programm, an dem auch Asma Abidi teilgenommen hat. „Allem voran hat mir CCP ermöglicht, andere Teilnehmer kennenzulernen und so meinen Horizont zu erweitern", sagt Abidi. „Im Herzen von Berlin zu sein, dieser interkulturellen Stadt mit ihrer Fülle an tagtäglichen Veranstaltungen und Konzerten, hat mir wahnsinnig viele Möglichkeiten eröffnet."

Ein weiterer Vorteil sei das exzellente Alumni-Netzwerk, erklärt Urban Beckmann: „Über 500 Menschen mit ganz verschiedenen Hintergründen haben bisher am CCP teilgenommen." Häufig kommen sie aus dem Bereich der Menschenrechtsarbeit, aber manchmal auch aus abseitigen Feldern – eine Teilnehmerin engagierte sich zum Beispiel in einem Imkereiverband, erinnert sich Beckmann. „Solche gesellschaftlichen Strukturen sind letztlich ja auch sehr politisch."

Ein Alumni-Netzwerk funktioniert nur dann richtig, wenn es gepflegt wird. Das ist unter anderem die Aufgabe von Elham Khattab. Die Ägypterin hat während ihres Praktikums in der Leipziger Galerie für Zeitgenössische Kunst ein Konzept zur Kunstvermittlung für Kinder entwickelt. Heute leitet sie eine Initiative, die ägyptische Künstler fördert. „Ich bin die CCP-Beauftragte für Ägypten geworden", sagt die 25-Jährige, „weil ich den neuen Praktikanten helfen und sie auf diese großartige Erfahrung vorbereiten will." Das ifa unterstützt solche engagierten CCP-Stipendiaten auch durch Projektförderungen wie zum Beispiel mit dem Zusatzmodul *CrossCulture Plus*.

Natürlich ist das ifa mit seinen Projekten nicht alleine. Das Goethe-Institut fördert vor allem die deutsche Sprache und organisiert Kulturveranstaltungen, der DAAD bietet unter anderem Stipendien für Studenten an. Solche verschiedenen Zugänge sind für den interkulturellen Austausch sehr wichtig, erklärt Urban Beckmann mit Blick auf die seit 2011 vom Auswärtigen Amt geförderten Transformationspartnerschaften mit Tunesien und Ägypten. „Hier betreiben wir zunächst Kontextanalyse, indem wir relevante Akteure zusammenbringen und so definieren, welche Bedürfnisse und Möglichkeiten es gibt. Anschließend identifizieren wir geeignete Multiplikatoren und erweitern die Netzwerke." Am Ende stehen konkrete, für die jeweilige Situation maßgeschneiderte Projekte.

Klar ist jedoch: die Region Nahost-Nordafrika ist kein monolithischer Block, die Entwicklungen in den einzelnen Ländern sind komplex, die Situation beispielsweise von Frauenrechtlerinnen in Ägypten ist, milde ausgedrückt, schwierig. Dennoch ist Beckmann optimistisch. „Das System kann noch so streng sein, die Menschen finden immer Möglichkeiten, kreativ zu sein und es herauszufordern. Irgendwann wird es sich wandeln." Das macht er auch daran fest, dass gerade aus Ägypten noch immer enorm viele Bewerbungen für die verschiedenen Projekte kommen. Dass das Institut keine feste Außenstelle im Land hat, sieht Beckmann sogar positiv: Zum einen stünden die Akteure so weniger im Fokus der Geheimdienste. Zum anderen sei man viel stärker gezwungen, von Anfang an in Netzwerken zu denken.

Stereotype und Feindbilder werden schwächer, je mehr man sich mit „den Anderen" beschäftigt. Das gilt natürlich nicht nur für die Arbeit in den Ländern der arabisch-islamischen Welt, sondern auch in Deutschland und Europa. Deswegen richtet das ifa in einem neuen CCP-Sondermodul „Flucht und Migration" den Blick auch nach innen. Ziel der Projektlinie ist es, die Zusammenarbeit in den Bereichen zivile Konfliktbearbeitung und (Re-)Integration zu stärken – in den Transitländern der arabischen Welt, aber explizit auch in Deutschland.

Christopher Resch ist freier Journalist und schreibt vor allem über Kultur und Politik in und mit den arabisch-islamischen Ländern. Zudem hat er für das Goethe-Institut in Ägypten und Saudi-Arabien gearbeitet. In Riad hat er den deutschen Beitrag für das Janadriyah-Kulturfestival im Februar 2016 organisiert.

Ich erinnere mich noch gut. Es muss Anfang 2000 gewesen sein, im Februar oder März. Ich war gerade seit einem Dreivierteljahr Fernsehkorrespondent der ARD im Nahen Osten, als ich die Einladung bekam, in Kairo an einem Treffen mit deutschen und ägyptischen Kollegen teilzunehmen. Eingeladen hatte das ifa zu einem interkulturellen Dialog. Zwei Tage dauerten die Diskussionen in großer, vielleicht zu großer Runde. Das aber war nicht das Entscheidende. Viel wichtiger waren die Gespräche am Rande, Zwiegespräche, Kennenlerngespräche, Gespräche beim gemeinsamen Essen, im Ausflugsbus zu den Pyramiden und wieder zurück. Immer offener wurden sie, eindringlicher. Freundschaften habe ich damals nicht geschlossen mit ägyptischen Kollegen, aber dauerhafte Bekanntschaften, die mir und hoffentlich auch ihnen geholfen haben, ein bisschen besser zu verstehen. Gerade wegen solcher Veranstaltungen möchte ich dem ifa zum Geburtstag gratulieren und weitere 100 Jahre wünschen. Wir brauchen mehr solcher Begegnungen, über all da, wo Dialoge wichtig sind, also überall.

Jörg Armbruster berichtete von 1999 bis 2005 und erneut von 2010 bis 2012 als ARD-Korrespondent über die Lage im Nahen und Mittleren Osten. Er lebt als freier Journalist und Autor in Stuttgart.

7500 Kilometer

Das erste Mal begegneten sie sich 2011 in Dhaka. Rund 7500 Kilometer und einen Kontinent von der Heimat entfernt, trafen Nile und Proma sich als Stipendiaten des *CrossCulture*-Programms (CCP) in Deutschland wieder.

Proma Parmita: Ich traf Nile das erste Mal 2011 bei einer Weihnachtsfeier von Freunden in Dhaka. Danach haben wir uns für eine Weile aus den Augen verloren. Nach meinem Studium nahm ich eine Stelle in der sozialökonomischen Forschung an. Mein Arbeitsgebiet ist international ausgerichtet, es umfasst neben der Armutsbekämpfung den Schutz von Minderheiten und die Vorsorge für Naturkatastrophen. Die Ursachen von Armut und Naturkatastrophen sind aber niemals nur national bedingt, es besteht ein globaler Zusammenhang. Ich wollte gerne in einem Bereich forschen, der genau diesen Zusammenhang berücksichtigt. Deshalb fing ich bei der in München ansässigen NGO *joyn-coop* an, die sich in der internationalen Entwicklungszusammenarbeit engagiert. Unsere Kommunikation fand größtenteils online statt. Für das CCP bewarb ich mich schließlich, weil ich wissen wollte, wie Organisationen in hoch entwickelten Industrieländern strukturiert sind, die in diesem Bereich arbeiten. Wegen *joyn-coop* hat mich dabei besonders die deutsche Perspektive interessiert.

Mohammed Asad-Ur-Rahman Nile: Ich bin wie Proma in der internationalen Entwicklungsarbeit aktiv. Meine Aufgabenbereiche sind die nachhaltige Wirtschaftsförderung und die Förderung der Entwicklung des privaten Sektors. Aus beruflichen Gründen war ich schon oft in Europa, in Deutschland aber war ich zuvor noch nie. Ich wollte mehr über die deutsche Kultur und Lebensweise erfahren und habe mich 2014 für das CCP beworben, nachdem mir ein Freund von dieser Möglichkeit erzählt hatte. Damals war ich für das Büro des Premierministers im Rahmen von *Acess to Information* tätig. Das war ein von US-amerikanischen und UN-Entwicklungsorganisationen gefördertes und vom Staat Bangladesch umgesetztes Programm zur Entwicklung des Öffentlichen Sektors. Im selben Jahr sah ich Proma beim Vorbereitungstreffen für CCP in Dhaka wieder. Wir hatten uns davor schon ein paarmal zufällig getroffen, beruflich oder bei Freunden. Aber richtig kennengelernt haben wir uns erst Anfang 2015 bei einem Workshop in Stuttgart. Im Anschluss wollte ich zu einem Freund nach Frankfurt fahren. Spontan entschied ich mich, davor noch Proma in Düsseldorf zu besuchen.

Mohammed Asad-Ur-Rahman Nile war vor und nach seinem Aufenthalt in Deutschland für die *PIND Foundation* und das *Economic Development Center* in Nigeria tätig. Seit 2016 ist er Technischer Spezialist beim LICT *(Leveraging ICT for Growth, Employment and Government)*, einem von der Weltbank unterstützten Projekt zur Förderung des Informationstechnologie-Sektors in Bangladesch.

Proma: Ich hatte zu der Zeit einen Praktikumsplatz bei „Eine Welt Netz“ in Düsseldorf. Es war am Valentinstag, mitten während des Karnevals, als Nile mich für einen Tag dort besuchte. Wir gingen zusammen zur Königsallee, um den

Umzug zu sehen. Während wir den Tag gemeinsam verbrachten, stellten wir fest, dass wir zwar nicht so viele Gemeinsamkeiten haben, uns aber in der Gegenwart des anderen sehr wohl fühlten. Als ich ihn abends zum Zug brachte und verabschiedete – um uns herum eine Menge bunt verkleideter Menschen –, fühlte ich mich irgendwie leer und nahm die Szenerie wie durch einen Schleier wahr. Da war mir klar, dass es nur ein Abschied für kurze Zeit sein durfte.

Nile: Proma kam bald darauf nach Berlin, wo ich Anfang 2015 bei NUMOV, dem Nah- und Mittelost-Verein, beschäftigt war. Obwohl wir beide beruflich sehr eingespannt waren, nahmen wir uns Zeit, zusammen die Stadt zu erkunden. Ich zeigte ihr meine Lieblingsplätze. Wenn ich daran zurückdenke, sehe ich uns am Alexanderplatz im Schnee oder abends beim Essen im Restaurant. Mir sind so viele einzelne Momente in Erinnerung gebelieben. Ich fühlte, dass ich mit ihr zusammen sein möchte, und aus dieser Ahnung wurde Gewissheit. Kurz bevor sie nach Düsseldorf abreiste, habe ich sie gefragt, ob sie sich eine gemeinsame Zukunft vorstellen könne – und sie sagte Ja.

Proma Parmita ist Wissenschaftliche Mitarbeiterin bei der in Dhaka ansässigen Organisation *Mesovision Consultancy Limited,* die unter anderem Ministerien, Verbände, Organisationen und Unternehmen im Bereich der Entwicklungszusammenarbeit berät.

Proma: Ein Jahr später, an einem heißen Julitag, haben wir in Dhaka im engen Familienkreis geheiratet. Der Hochzeitsempfang fand Anfang August statt. Mit rund 800 Gästen war unser Fest noch verhältnismäßig klein für eine bengalische Hochzeit. Verwandte, Freunde, Arbeitskollegen, CCP-Stipendiaten und Mitarbeiter der deutschen Botschaft kamen, um mit uns zu feiern. Der Abend war magisch.

Andere Länder – andere Sitten

In den drei Wochen meines Aufenthalts in Aachen lernte ich nicht nur ein anderes Kultursystem kennen, ich sah mich auch mit einer ganz neuen Lebensweise konfrontiert. Ich hatte Gelegenheit, mich mit dem deutschen Rechts-, Politik- und Sozialsystem auseinanderzusetzen, und der persönliche Umgang mit den Menschen ließ mich die deutsche Lebensweise besser verstehen, aber auch über Kultur, Gewohnheiten und soziopolitische Eigenarten meines Heimatlandes nachdenken.

Auf meinen Zugfahrten schaute ich hinaus auf die weiten deutschen Landschaften und die Städte, die an mir vorbeisausten, und die so ganz anders waren als in Pakistan. Jeder Quadratzentimeter Land ist hier optimal genutzt – ein kultivierter Hektar nach dem anderen, traditionelle Fachwerk- und Lehmhäuser, dazwischen moderne Neubauten aus Beton. Graffitibedeckte Wände heiterten die ansonsten eintönigen Stadtbilder auf. Ich sah Schrebergärten mit Holzhütten und Mehrfamilienhäuser mit schönen, gepflegten Balkongärten, und natürlich viele Menschen, die die Sommertage genossen. Die Züge hielten an etlichen Bahnhöfen, Leute stiegen aus und zu, und immer wieder fragte ich mich, wann wohl der Schaffner kommen würde, um die Fahrkarten zu kontrollieren. Mir fiel auf, dass alle Fahrgäste offenbar mit ihren Smartphones beschäftigt waren, ähnlich wie in Pakistan, doch anders als dort schien die Tatsache, dass man beieinander saß, für die Menschen kein Grund zu sein, eine Unterhaltung zu beginnen. In Pakistan hätte mich diese Gesprächslosigkeit überrascht; dort wäre der Zug erfüllt gewesen von Fragen nach Reisezielen und -gründen, von Getratsche und politischen Diskussionen. Dieser Trubel in öffentlichen Verkehrsmitteln schien mir in Deutschland zu einer fernen Erinnerung verblasst.

Beruflich beschäftige ich mich mit Themen rund um globale öffentliche Güter: Welterbestätten, Klimawandel und nachhaltiger Entwicklung. Die Arbeit hat mich in meiner Überzeugung bestärkt, dass die Menschheit Meinungsverschiedenheiten hintanstellen und sich einem gemeinsamen Ziel widmen muss: dem Schutz unseres Planeten und seiner Ressourcen, unter besonderer Berücksichtigung des Umgangs der Menschen mit der Umwelt, mit Kulturlandschaften und Baudenkmälern. Mir ist inzwischen klar, dass sich Menschen überall auf der Welt tagtäglich abmühen müssen, manche schicksalsbedingt mehr als andere. Die Antworten aber, nach denen wir suchen, sind in unserer Natur zu finden. Ich hatte das große Glück, durch eigene Erfahrung begreifen zu können, dass jedes Land vor eigenen Herausforderungen steht, und dass wir alle gegenseitig aus unseren Fehlern lernen und unseren Mitmenschen zu mehr Mitsprache verhelfen müssen.

Einige der Fotos, die ich während meines Aufenthalts in Deutschland gemacht habe, könnten überall auf der Welt entstanden sein, denn was uns zu Menschen macht, sind unsere zwischenmenschlichen Beziehungen, unsere Familien und Freunde. Das gilt für jeden Ort der Welt.

Ich möchte dem ifa zum 100. Geburtstag gratulieren! Seine wertvolle Arbeit, die darin besteht, Menschen miteinander zu verbinden und ihnen einen ganz unmittelbaren Vergleich von Leuten, Kulturen, Geschichten und Sprachen zu ermöglichen, zeigt, dass Menschen Menschen sind, egal woher sie kommen. Dies kann – Individuum für Individuum – unseren Blick auf die Welt verändern.

Mariyam Nizam arbeitet seit 2010 als Projektkoordinatorin und Denkmalpflegerin für die Heritage Foundation of Pakistan. 2013 nahm sie am *Cross-Culture*-Programm teil, um sich am Aachen Center for Documentation and Conservation mit deutschen Ansätzen im Denkmalschutz vertraut zu machen. Seit 2015 ist sie *Thesis Advisor* am Architektur-Institut der Indus Valley School of Art and Architecture in Karatschi.

Fruchtbare Dialoge

Marcel Pott
Ein Portrait von Christopher Resch

Beeindruckende Karrieren beginnen manchmal mit einem Zufall. Wobei Marcel Pott einen solchen Moment des Zufalls gesucht und ihn beherzt ergriffen hat: 1982 war es, Pott war seit einigen Jahren Redakteur beim WDR, als der damalige Nahost-Korrespondent Gerd Schneider eine Auszeit von den Wirren des libanesischen Bürgerkriegs brauchte. „Das war im Grunde eine Urlaubsvertretung", erzählt Pott lachend, „und außer mir, dem absoluten Greenhorn, wollte das niemand machen. Dabei kannte ich mich in der Region überhaupt nicht aus. Das war alles Learning by Doing."

Marcel Pott (geboren 1946 bei Köln) ist Autor und Journalist und gilt als ausgewiesener Nahostexperte. Nach dem Studium der Rechtswissenschaften arbeitete er als Anwalt, zunächst in Köln, später in Paris, wo er das Angebot erhielt, für den WDR über mehrere große Gerichtsprozesse zu berichten. Pott nahm an, wurde politischer Redakteur und ging 1982 nach Beirut, um über den Libanonkrieg zu berichten. Später wurde er Auslandskorrespondent und Leiter des ARD-Hörfunkstudios in Amman. 1992 kehrte er nach Deutschland zurück und arbeitete bis 1997 als leitender Redakteur des ARD-Fernsehstudios in Bonn. Bis heute ist Marcel Pott als freier Publizist und Autor tätig, sein Thema ist die arabisch-islamische Welt.

Und Marcel Pott lernte schnell: Bald war er es, der den Deutschen mit seinen kenntnisreichen Radiostücken und „Zeit"-Artikeln den Nahen Osten näherbrachte, diese für viele anziehende und zugleich verwirrende Region. Wenig später fragte ihn der damalige Chefredakteur des WDR-Radios, ob er nicht Korrespondent werden wolle. „Ich habe sofort zugesagt und es nicht eine Sekunde lang bereut. Das war die interessanteste Zeit meines Lebens."

Zehn Jahre blieb Marcel Pott in der Region. Anschließend stellte er seine große Erfahrung auch dem ifa zur Verfügung, unter anderem als Teilnehmer bei den Mediendialogen mit Journalisten aus verschiedenen Ländern. Pott erinnert sich noch gut an den Mediendialog in Damaskus 2009 – eines dieser hochrangig besetzten Gesprächsforen, deren Hauptzweck „bis zu einem gewissen Grade die Bewusstseinsbildung" war, wie er sagt: „Häufig angesprochen wurden die unterschiedlichen Vorprägungen, die Frage, wo es Generalisierungen von westlicher Seite gibt, aber natürlich auch umgekehrt. Ich habe das als sehr fruchtbar empfunden." Gerade im Überwachungsstaat Syrien sei die persönliche Ebene enorm wichtig gewesen. „Solche Dialoge sind Teil einer zivilen *public diplomacy*", erklärt Pott.

Christopher Resch ist freier Journalist und schreibt vor allem über Kultur und Politik in und mit den arabisch-islamischen Ländern. Zudem hat er für das Goethe-Institut in Ägypten und Saudi-Arabien gearbeitet. In Riad hat er den deutschen Beitrag für das Janadriyah-Kulturfestival im Februar 2016 organisiert.

Zwei Jahre zuvor moderierte Marcel Pott den ifa-Mediendialog in Kairo. Ein Panel behandelte die Medien als Akteure des sozialen Wandels, und auch wenn die arabische Revolte so noch nicht vorhersehbar war: „Man kann den sogenannten Arabischen Frühling nicht von der Tatsache trennen, dass die ganze Region in einem desolaten Zustand ist und war", beschreibt Pott. Wer die Situation in Ländern wie Ägypten oder Syrien betrachtet, mag verzweifeln, doch aus historischer Sicht sei die Revolte ein enormer Einschnitt: „Zum ersten Mal in der Geschichte haben sich die arabischen Völker gegen ihre Herrscher erhoben. Diese Überwindung der Barriere der Angst ist ihnen nicht mehr zu nehmen."

Was nun noch gelingen müsse, sei die Versöhnung von Tradition und moderner Wirklichkeit. „Die Auseinandersetzung über den Begriff der Freiheit, die Rechte des Einzelnen im Kollektiv, all das sind ungelöste Fragen, und sie fallen jetzt ja auch auf uns zurück." Das große Thema Flucht klingt an, der Populismus, aufeinandertreffende Wertesysteme. Und damit auch die Fragen von Respekt und Toleranz – schon 2007 habe er beim ifa-Schlossgespräch über „Toleranz und ihre Grenzen" geredet, erzählt Pott. „Diesen Vortrag könnte ich heute wieder genauso halten."

Das ifa-Forschungsprogramm „Kultur und Außenpolitik“

Patrick Wildermann

Welche Rolle spielt die Auswärtige Kultur- und Bildungspolitik in Umbruchstaaten? Wie können Medien das Interesse der Bürger an Belangen der Europäischen Union stärken? Und welchen Bedarf nach Kunst und Kultur gibt es in Flüchtlingslagern?

Dies sind nur einige der vielen Fragestellungen, denen das ifa-Forschungsprogramm „Kultur und Außenpolitik“ in den mittlerweile sechs Jahren seines Bestehens nachgegangen ist, ein Programm, das im Bereich der Auswärtigen Kultur- und Bildungspolitik (AKBP) Themen aus der Praxis mit Wissenschaft und Medien verbindet. Das ifa verfügt dabei nicht nur über enorme theoretische Ressourcen, es hat auch ein breites Netzwerk von Forschern und Praktikern aufgebaut und kann eine Vielzahl an Kommunikationskanälen bespielen.

Zu den Programmschwerpunkten zählen Kunstaustausch, zivile Konfliktbearbeitung, interkultureller Dialog, Medienbeziehungen, Integration von Minderheiten sowie der Dialog zwischen Staat und Zivilgesellschaft. Das Forschungsprogramm macht in diesen Feldern beständig aktuelle und wichtige Themen aus, analysiert sie – und richtet den Blick darauf, in welche Projekte und Handlungsempfehlungen die gewonnenen Erkenntnisse überführt werden können. Diese enge Verbindung von Wissenschaft, Politik und Öffentlichkeit ist seine Besonderheit. Geht es hier doch gerade nicht um eine Arbeit für den akademischen Elfenbeinturm, sondern um Forschung aus der Praxis für die Praxis.

Vom Stiefkind zum Forschungsfeld

Die Auswärtige Kultur- und Bildungspolitik spielte lange Zeit in der wissenschaftlichen Forschung kaum eine Rolle. Noch anno 2002 warf ein Workshop am ifa deshalb die Frage auf, ob sie ein „Stiefkind der Forschung“ sei. Dies setzte eine Entwicklung in Gang, aus der 2004 der Wissenschaftliche Initiativkreis Kultur und Außenpolitik (WIKA) hervorging. Im WIKA sind Wissenschaftler verschiedener zumeist geistes- und sozialwissenschaftlicher Disziplinen zusammengeschlossen, die sich mit den Realitäten und Fundamenten des Kulturaustauschs befassen. Das Ziel ist es,

Hochschullehrer, Forscher und Praktiker zusammenbringen, Außenkulturpolitik in Forschung und Lehre zu fördern und mehr Studierende für dieses Feld zu begeistern.

Besonders auch Nachwuchswissenschaftler engagieren sich im WIKA, was den Zukunftsperspektiven und dem wachsenden Erkenntnisbedarf entspricht: Schließlich sind immer mehr staatliche und auch nichtstaatliche Akteure auf dem Feld der internationalen Kulturbeziehungen tätig. Dem Kulturaustausch kommt gerade in Zeiten wachsender Spannungen zwischen fortschreitender Globalisierung einerseits und wiedererstarkenden nationalistischen Strömungen andererseits enorme Bedeutung zu – ein Thema, das auch der WIKA in einem seiner regelmäßigen Workshops reflektiert hat.

Die Zentrale des Forschungsprogramms

Freilich wäre die Arbeit des Forschungsprogramms nicht denkbar ohne die Ressourcen der ifa-Bibliothek, die auch den WIKA betreut. Sie ist die weltweit einzige Spezialbibliothek zum internationalen Kulturaustausch und hat einen Bestand von rund 430 000 Bänden, 1000 Zeitschriften und 220 000 Presseartikeln. Ihre Geschichte reicht bis in Jahr 1917 zurück.

Die Fachgebiete der Bibliothek sind unter anderem Interkulturelle Kommunikation, Nationale Stereotype sowie Kulturelle Länderkunde. Als international vernetzte Ausleihbibliothek ist sie zum einen öffentlich zugänglich und begleitet zum anderen Forschungsprojekte und wissenschaftliche Arbeiten. Im Internet stellt die Bibliothek Grundlagentexte wie Konzeptionen und Kulturabkommen bereit. Mit ihrem außergewöhnlichen Bestand bildet sie die Zentrale des Forschungsprogramms.

Resonanzräume der Demokratie

Die Studien, die in diesem Rahmen entstehen, sind bei aller Orientierung auf die Praxis freilich nicht dem Diktum unmittelbarer Nützlichkeit und Verwertbarkeit unterworfen. Das Programm widmet sich nicht zuletzt auch den Grundlagen der Außenkultur- und Bildungspolitik und ihren Begrifflichkeiten. „Vom Dialog zur Kooperation“ hieß beispielsweise ein Projekt aus jüngster Zeit. Die Studie untersuchte, ob und warum sich ein programmatischer Paradigmenwechsel in den internationalen Beziehungen vollzogen hat – eben vom Dialog zur Kooperation –, und worin die wesentlichen Unterschiede zwischen diesen Formen des Austauschs liegen.

Ein anderes Projekt widmete sich der Frage: „Wie steuert man Nachhaltigkeit und Wirksamkeit?“ Schließlich ist alles Handeln in der Auswärtigen Kultur- und Bildungspolitik immer auch dynamischen, sich teils rasant wandelnden politischen und sozialen Bedingungen unterworfen. Die Studie „Digital Diplomacy – Chancen der Neuen Medien für die Auswärtige Kultur- und Bildungspolitik“ wiederum beleuchtete den Bedeutungszuwachs der Sozialen Medien als politische Kommunikationsmittel sowie die daraus erwachsenden Chancen und Risiken.

Ob Länderkunde, Medienbildung, Migration oder nachhallendes historisches Ereignis – aus dem Facettenreichtum des Forschungsprogramms entsteht ein Resonanzraum, in dem Zivilgesellschaft und Politik sich über ihre wechselseitigen Anliegen verständigen und diskutieren können. Mithin: eine Agora der gelebten Demokratie, deren Strahlkraft nach innen wie nach außen wirkt.

Patrick Wildermann studierte Politikwissenschaft, Germanistik und Publizistik an der Universität Münster und begann seine journalistische Laufbahn beim Feuilleton der „Münsterschen Zeitung“. Seit 2005 lebt Wildermann als freier Kulturjournalist in Berlin. Er schreibt Theaterkritiken, Künstlerporträts und kulturpolitische Berichte unter anderem für „Der Tagesspiegel“, das Goethe-Institut, die Heinrich-Böll-Stiftung. Seit 2014 arbeitet er zudem als Dramaturg für die Berliner Theatercompany *santinis production*.

Schwätzet miteinander!

Fritz Kuhn

In seinen Anfängen heißt es Deutsches Ausland-Institut, die Abkürzung DAI in Versalien. Heute kennen wir es nur als ifa, in Kleinbuchstaben.

Die Bedeutung des ifa entspricht nicht seinem grafischen Erscheinungsbild, aber diese Zurücknahme, dieses Understatement, ist nicht nur sympathisch, damit ist auch eine konzeptionelle Aussage darüber getroffen, wie die eigene kulturelle Arbeit gesehen wird: ohne missionarische Absicht, nicht mit jener Haltung, „wir zeigen jetzt mal, was Kultur ist", sondern neugierig, auf Austausch bedacht, interessiert an anderen Menschen, ihren Kulturen.

In seiner Geschichte war das ifa konzeptionell sehr unterschiedlich ausgerichtet. Zu Beginn eine Beratungsinstitution für Auswanderer, die auch Auslandsdeutsche betreute und Ausstellungen organisierte, entwickelte es sich ab 1933 zu einem Planungszentrum der staatlichen Volkstums- und Rassenpolitik. Die demokratische und auf internationale Verständigung gerichtete Geschichte des ifa beginnt Anfang der 1950er Jahre: Es wird zu einem Träger der Auswärtigen Kulturpolitik. Bis dahin hatte diese kaum Standing; sie diente der Förderung des wirtschaftlichen Austausches, ein nicht unwichtiges, aber doch ein Anhängsel.

Auf politischer Seite hat Theodor Heuss als einer der Ersten die zentrale Bedeutung der auswärtigen Kulturpolitik erkannt. Bei der offiziellen Wiederaufnahme der Arbeit des Instituts nach dem Zweiten Weltkrieg, im Jahre 1951, nannte er das ifa einen „Umschlagplatz" und eine „Elementarschule für den Verkehr mit dem Ausland". Das Vokabular klingt in heutigen Ohren etwas hölzern, aber es trifft den Punkt: Die Einrichtung hat eine pädagogische Funktion. Sie lehrt den interkulturellen Blick. Sie weitet unser Interesse. Keine Kultur wird gegen die andere ausgespielt, sondern jede als prinzipiell gleichberechtigt angesehen. Man reist mit der eigenen Kultur in fremde Länder, nicht um von sich zu überzeugen, sondern um ins Gespräch zu kommen. Die Kultur ist eine Brücke der Kommunikation. Sie ist auch eine Einübung von Toleranz, denn Toleranz kann nur entwickeln, wer sich öffnet und das Andere kennenlernt.

Schwäbisch könnte man, kurz und knapp, sagen: „Schwätzet miteinander!"

Heute ist das ifa in Stuttgart auch deshalb gut aufgehoben, weil die Stadt eine der führenden Einwandererstädte ist und ein spezifisches internationales Profil hat. Die moderne Stuttgarter Migrationsgeschichte beginnt in den 1950er Jahren mit den Italienern, den Griechen, Türken, Portugiesen, Spaniern und vielen anderen mehr. Sie finden hier Arbeitsplätze und ermöglichen den wirtschaftlichen Aufstieg Stuttgarts und der Region. Später kommen viele Menschen aus dem ehemaligen Jugoslawien; Stuttgart entwickelt sich auch zu einer Stadt für Flüchtlinge. 34000 leben zur Zeit des Balkan-Konflikts hier. Viele bleiben, die Familien ziehen nach, viele lassen sich einbürgern. Heute ist Stuttgart ein sicherer Zufluchtsort für 8000 Bürgerkriegsflüchtlinge aus Syrien, Afghanistan, dem Irak. Über 3500 Stuttgarter kümmern sich in Flüchtlingsinitiativen ehrenamtlich um sie.

Die Vielzahl der Nationen und die Vielfalt der Kulturen ist eine besondere Stärke der Stadt. Stuttgart ist eine internationale Stadt, in der man sich gut versteht. Die konzeptionelle Idee des ifa einer gleichberechtigten und verständigungsorientierten Begegnung der Kulturen entspricht eine städtische Integrationspolitik, die unter Integration – dem lateinischen Wortstamm entsprechend – „Erneuerung" versteht. Sowohl diejenigen, die kommen, müssen sich erneuern und verändern, wie auch diejenigen, die schon hier sind, sich erneuern und verändern müssen. So werden eine gegenseitige Annäherung und eine gegenseitige Befruchtung möglich.

Integrationspolitik in einem konzeptionellen Sinne gibt es in Stuttgart seit vielen Jahren. Ein Meilenstein ist das „Forum der Kulturen", gegründet 1998. Im Internationalen Ausschuss, seit 2000, werden die Migranten-Vertreter politisch eingebunden. Die Stadt betreibt mit der Region und dem Land ein Welcome Center, das eine zentrale Anlaufstelle für Neubürger und internationale Fachkräfte ist. Vielerorts erfährt die städtische Integrationspolitik große Anerkennung. Immer wieder wird Stuttgart als eine Hauptstadt der Integration gelobt.

Das ifa fügt sich in diesen Kontext optimal ein. ifa und Stadt sind eng verbunden, und als Stadt sind wir froh darüber, dass es diese Einrichtung bei uns gibt. Das ifa bringt die Menschen in der sogenannten Zivilgesellschaft zusammen, wie wir versuchen, in Form einer „kommunalen Außenpolitik" durch eine Vielzahl von Städtepartnerschaften die Menschen zusammenzubringen. Stuttgart kann sich zu den Pionieren des Städtepartnerschaftsgedankens zählen. Bereits seit 1948 gibt es eine Partnerschaft mit dem englischen St. Helens, seit 1955 mit Cardiff in Wales, seit 1960 mit St. Louis in den USA und seit 1962 mit Straßburg. Auch mit Mumbai in Indien pflegt Stuttgart partnerschaftliche Beziehungen. Heute sind es zehn Partnerschaften auf vier Kontinenten, sie sind lebendig, es finden nicht nur Begegnungen auf der institutionellen, sondern gerade auch auf der bürgerschaftlichen Ebene statt.

Der kulturelle Austausch über Ländergrenzen hinweg hat heute eine besondere Funktion: Er kann Brücken bauen, wo Politik und Wirtschaft allein dies nicht schaffen. Mehr kultureller Austausch würde auch der Europäischen Union gut tun, denn nur gemeinsame Märkte entwickeln kein Zusammengehörigkeitsgefühl. Insofern ist der konzeptionelle Ansatz des ifa hochaktuell, und man kann sich sicher sein: Das ifa hat eine gute Zukunft vor sich. Es wird dringend gebraucht, wenn ein gedeihliches und friedliches Zusammenleben der Kulturen wirklich gelingen soll.

Fritz Kuhn, geboren 1955 in Bad Mergentheim, ist seit Januar 2013 Oberbürgermeister von Stuttgart. Er hat Linguistik und Philosophie studiert, war Mitbegründer der Grünen, Abgeordneter des Landtags von Baden-Württemberg und Fraktionsvorsitzender der Grünen, Bundesvorsitzender von Bündnis 90/Die Grünen, Abgeordneter des Deutschen Bundestages und Fraktionsvorsitzender von Bündnis 90/die Grünen.

↑ „Wald hängender Steine“, 1992
→ „60 Wörter aus dem Alten Testament“, 1992

Verletzungen / Verbindungen

Günther Uecker
Ein Portrait von Stefanie Jansen

Man könnte Günther Uecker einen Botschafter der Kunst nennen, liefe das dieser Bezeichnung inhärente Beamtentum seinem Wesen nicht grundsätzlich zuwider. Eher ist er ein Kämpfer und Streiter, ein optimistischer Realist im Sinne Che Guevaras, der die Realität akzeptiert, aber nicht müde wird, immer und immer wieder das Unmögliche einzufordern.

„Wo die Sprache versagt, da beginnt das Bild." Diese Aussage von Günther Uecker kann man als Leitprinzip seiner künstlerischen Arbeitsweise verstehen, dem er mittlerweile seit mehreren Jahrzehnten folgt. Dank wiederkehrender Motive, beispielsweise der Spirale, oder Materialien, wie Stein, Sand, Erde und Asche, gelingt es ihm, minimalistische Vokabeln in universal lesbare Zeichen zu verwandeln. Der Künstler sucht den Dialog mit dem Betrachter, und er gelingt ihm überall auf der Welt. Uecker glaubt zutiefst an die Kraft der Transformation, die Bilder und Objekte zu Kommunikationsmitteln macht, mit denen Menschen verschiedenster Kulturen gleichermaßen zu erreichen sind und miteinander in Beziehung treten können.

Günther Uecker wird 1930 in Mecklenburg geboren. Seine Kindheit und Jugend sind von schmerzhaften Erfahrungen geprägt, die körperliche und seelische Wunden hinterlassen haben. „Verletzungen“ und „Verbindungen“ sind Schlüsselbegriffe in seinem Leben ebenso wie in seiner Arbeit: Wie ein roter Faden ziehen sich gespaltene und „verwundete“ Oberflächen und Verbände mit Tüchern durch sein Werk. Nach der Teilung Deutschlands arbeitet Uecker in der DDR zunächst als Plakatmaler. Als er nicht mehr mit der Diskrepanz zwischen Ideologie und Realität zurechtkommt, flieht er 1953 in den Westen. Von Düsseldorf aus gewinnt sein Werk ab 1955 an Strahlkraft. 1961 tritt er der international agierenden Künstlerbewegung ZERO bei. 1964 und 1968 nimmt Uecker an der documenta teil, wenig später schon vertritt er Deutschland zusammen mit drei anderen Künstlern auf der Biennale di Venezia. Auch ist er der erste westdeutsche Künstler der Nachkriegszeit, dessen Arbeiten in Moskau ausgestellt werden.

1993 eröffnete die vom ifa organisierte Schau „Günther Uecker. Der geschundene Mensch – 14 befriedete Gerätschaften“ in Budapest. Diese Ausstellung hat erst vor Kurzem dort ihre 23 Jahre andauernde Tournee durch 47 Länder beendet, wo sie gedanklich ihren Ausgang nahm: in Rostock. Die große Installation gründet auf Ueckers Erschütterung über die fremdenfeindlichen Übergriffe in Rostock-Lichtenhagen im Jahr 1992.

Die Verletzung des Menschen durch den Menschen ist ein deprimierendes Thema, das durch seine Aktualität immer eine Herausforderung bleibt. Diese nimmt der optimistische Realist Günther Uecker täglich in seiner Arbeit an, getreu seinem Credo von 1983: „Die Kunst kann den Menschen nicht retten, aber mit den Mitteln der Kunst wird ein Dialog möglich, der zu einem den Menschen bewahrenden Handeln aufruft.“

Günther Uecker (geboren 1930 in Wendorf) schloss eine Lehre als Maler und Reklamegestalter ab und studierte im Anschluss Malerei in Wismar, Berlin und Düsseldorf. In den 1960er war er Mitglied der Künstlergruppe ZERO und hatte von 1976–1995 eine Professur an der Kunstakademie Düsseldorf inne. 1998 gestaltete er den Andachtsraum im Reichstagsgebäude Berlin.

Stefanie Jansen ist Kuratorin und Leiterin des Ausstellungsmanagements in der Kunstsammlung Nordrhein-Westfalen und hat dort 2015 gemeinsam mit Marion Ackermann die große Retrospektive „Günther Uecker“ kuratiert.

Irrlichter

Die Laufenden
in ihrer Einsamkeit Kreisenden
nie im Ankommen Gesehenen
zu jung Geflohenen
im Wind Verstummten

Rebecca Horn, Maribor 2012

Rebecca Horn gilt als eine der vielseitigsten Künstlerinnen in Deutschland, die auch international für ihre Skulpturen, Filme und raumgreifenden Werke bekannt ist und zahlreiche Auszeichnungen erhalten hat. Mit ihrer einzigartigen künstlerischen Arbeitsweise schafft sie Installationen im Spannungsfeld von Körper und Raum, Licht und Dunkel, Leben und Tod, Vergangenheit und Zukunft und spricht alle unsere Sinne an. In den letzten 17 Jahren war sie für das ifa mit einer großen, immer neu auf den jeweiligen Ort zugeschnittenen Ausstellung unterwegs, die in renommierten Museen wie dem Irish Museum of Modern Art, Dublin, dem Leeum, Samsung Museum of Art, Seoul, dem Museum of Contemporary Art Tokyo, dem Centro Cultural Banco do Brasil, São Paulo, oder der National Gallery of Modern Art, Neu-Delhi, gezeigt wurde. Im Jahr 2012 realisierte sie zusammen mit dem Organisationsbüro der Europäischen Kulturhauptstadt Maribor, der *Umetnostna Galerija Maribor* und dem ifa „Das Maribor Projekt". Hierfür lud sie Künstler, Komponisten und Literaten zur gemeinsamen Ausstellung mit Veranstaltungsprogramm ein.

→ Workshop im Rahmen der Ausstellung *prêt-à-partager* mit Ndjaga Diaw, Lambert Mousseka, Zille Homme und Studierenden der Staatlichen Akademie der Bildenden Künste Stuttgart

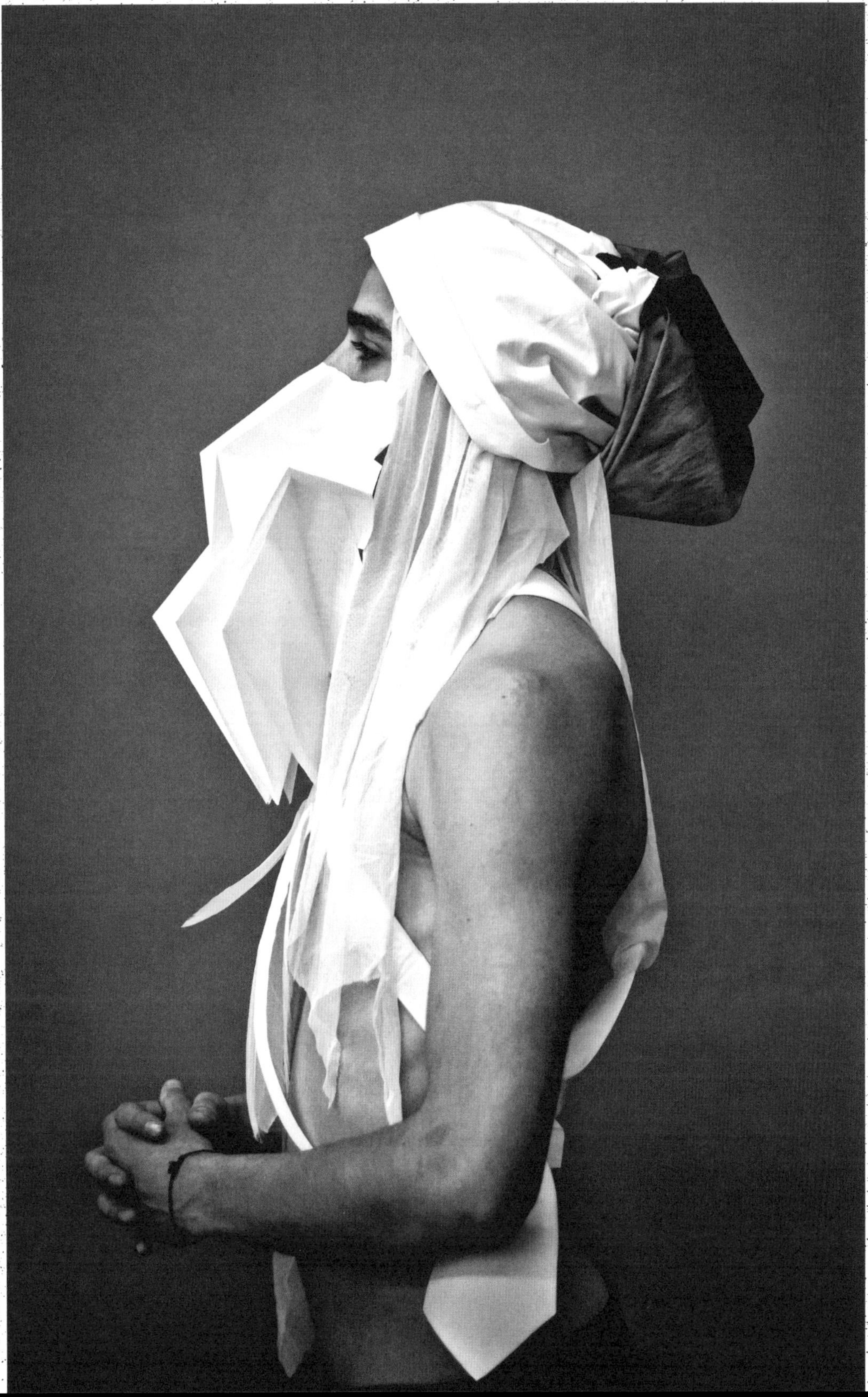

↑ Ausstellung *Linie Line Linea,* in La Paz, Bolivien, 2013
↗ Ausstellung „Werkbund" in Santa Fe, Argentinien, 2015
↓ Ausstellung *Future Perfect* in Porto Alegre, Brasilien, 2015

Ausstellungen auf Weltreise. Zum Konzept der Tourneeausstellungen

Heike Denscheilmann

Wer heute, im Jahr 2016, die Ausstellung „Weltreise. Kunst aus Deutschland unterwegs“ besucht, erlebt viel mehr als eine Ausstellung. Gezeigt werden 400 Werke aus der Sammlung des ifa, die in den vergangenen fünf Jahrzehnten künstlerische Positionen aus Deutschland auf allen Kontinenten repräsentierten, darunter Joseph Beuys, Carlfriedrich Claus, Hermann Glöckner, Gerhard Richter, Sigmar Polke, Isa Genzken, Barbara Klemm, Sibylle Bergemann, Else (Twin) Gabriel oder Wolfgang Tillmans. Die Kuratoren Matthias Flügge und Matthias Winzen wählten die Werke aus dem mehr als 23 000 Exponate umfassenden Kunstbestand des ifa. Die Auswahl erlaubt eine umfassende Neubetrachtung dieses Bestands.

Die Arbeiten, die sich in der Sammlung befinden – so auch die Exponate der „Weltreise“ – werden in der Regel für Tourneeausstellungen angekauft. Doch was ist eine Tourneeausstellung überhaupt? Renommierte Kuratoren stellen sie im Auftrag des Instituts zusammen. Es gibt monografische Ausstellungen bekannter Künstler wie Günther Uecker, Rebecca Horn, Barbara Klemm, Wolfgang Laib oder Marcel Odenbach, aber auch thematische Präsentationen. Entwicklungen in Architektur, Stadtplanung, Design oder künstlerische Auseinandersetzungen mit der deutschen Zeitgeschichte bilden ebenfalls eine Grundlage. Manchmal werden die Arbeiten extra in Auftrag gegeben. Die fertige Ausstellung wird schließlich „verpackt“, transportiert und in Partnerorganisationen, Kunstinstitutionen, Goethe-Instituten oder Bildungseinrichtungen weltweit gezeigt. An jeder Station richten Beauftragte oder die Kuratoren selbst die

Präsentation neu ein, den örtlichen Gegebenheiten entsprechend. Es gibt außerdem Begleitprogramme in Form von Führungen, Diskussionsrunden oder Workshops, die die beteiligten Künstler mit Akteuren der Szene an den jeweiligen Orten umsetzen. Im Schnitt dauert eine Tournee fünf bis zehn Jahre, manche laufen sogar ein paar Jahrzehnte. Wie umfangreich die Arbeit des ifa in diesem Ausstellungsformat ist, verdeutlichen einige Zahlen: Zwischen 1990 und 2010 wurden 88 Tourneeausstellungen entwickelt, allein im Jahr 2010 waren weltweit 46 unterwegs.

Die Anfänge der Ausstellungsarbeit

Bereits in der Weimarer Republik nutzte die Vorgängerinstitution Deutsches Ausland-Institut (DAI) kulturhistorische Ausstellungen mit dem Ziel, Deutschland nach dem Ersten Weltkrieg wieder eine Tür zu den künstlerischen und diplomatischen Netzwerken der europäischen Staaten zu öffnen und im Ausland einen neuen Blick auf das Land und die deutsche Kultur- und Kunstszene zu ermöglichen. Diese Bemühungen wurden durch die sogenannte Machtergreifung der Nationalsozialisten zunichte gemacht, und die Ausstellungsarbeit im Ausland weitgehend eingestellt. Nach dem Zweiten Weltkrieg bestand der Auftrag der auswärtigen Kulturarbeit in der Wiedereingliederung Deutschlands in die westliche Welt. Mit einer entsprechenden neuen Programmatik erarbeitete das ifa ab Mitte der 1950er Jahre Ausstellungen für das In- und Ausland. Die Künste sollten dazu beitragen, das Ansehen Deutschlands in der Welt wiederherzustellen. Die Präsentation künstlerischer Positionen und Verfahren steht seitdem im Mittelpunkt der Ausstellungsarbeit.

Die Weiterentwicklung der Ausstellungskonzepte

Neue Mittel und Strategien in der Auswärtigen Kultur- und Bildungspolitik (AKBP), aber auch die gesellschaftlichen Veränderungen seit den 1950er Jahren und die Entwicklung der künstlerischen Bewegungen blieben nicht ohne Folgen für die Ausstellungsarbeit. Im Großen und Ganzen lassen sich die maßgeblichen Veränderungen in drei Etappen beschreiben.

1. Das ifa entwickelte seine Ausstellungsarbeit kontinuierlich weiter. Sie wurde mit der Zeit professionalisiert und erhielt durch die langjährige Tätigkeit von Hermann Pollig als zuständigem Abteilungsleiter ihr Profil. Umstrukturierungen und Profilschärfungen der verschiedenen Mittlerorganisationen der AKBP wirkten sich auch auf das ifa aus: 1971 wurden einige Aufgaben des Deutschen Kunstrats, der ursprünglich für Tourneeausstellungen verantwortlich war, an das ifa übertragen. Bis in die 1990er Jahre fielen neben Bildender Kunst, Fotografie, Architektur, Film und Design die Ausdrucksformen Musik, Literatur, Theater und Film sowie die Naturwissenschaften, Technik und Landeskunde in seine Zuständigkeit. 1994 regelten Goethe-Institut und ifa ihre Aufgabenteilung neu. Seitdem liegt der Fokus auf Kunstausstellungen mit Originalwerken. Kulturhistorische und dokumentarische Ausstellungen übernahm das Goethe-Institut.

2. Die Auswärtige Kultur- und Bildungspolitik ist an den Wandel der politischen Situation in Deutschland gekoppelt. Daher entstand mit dem Jahr 1989 und der Wiedervereinigung die Notwendigkeit, das vereinigte Deutschland im Ausland sichtbar zu machen. Hermann Pollig nahm mit Gerhard Altenbourg, Hermann Glöckner und Carlfriedrich Claus nun Künstler, die in der DDR gelebt und gearbeitet hatten, in das Programm der Tourneeausstellungen auf. Nach 1990 übernahm das ifa die Grafiksammlung des

„Zentrums für Kunstausstellungen" der DDR. Tourneeausstellungen wie etwa „Zwei deutsche Architekturen 1949–1989" boten nun einen vergleichenden Blick auf die künstlerischen Entwicklungen in beiden deutschen Staaten. Berlin wurde zu einem bedeutenden Thema: sowohl seine Kunstszene, zum Beispiel in der Schau „QUOBO Kunst in Berlin 1989–1999", als auch die Veränderungen in der Stadt selbst, wie in *An urban experiment in central Berlin. Planning Potsdamer Platz* von 1995.

3. Auch die sich wandelnde Kunstlandschaft und Künstlerszene findet sich in der Ausstellungsarbeit reflektiert. Mit „Kunstraum Deutschland" entstand im Jahr 2000 die erste Tourneeausstellung, die 42 ausländische, in Deutschland arbeitende Künstler vereint und damit auf die wachsende Internationalisierung und Vernetzung in der AKBP wie in der Welt der Künste reagierte. Unter Außenminister Frank-Walter Steinmeier wurde die AKBP dialogisch angelegt und Kooperationen gestärkt. Die Ausstellung „anders als immer" bezog 2005 dann auch Designer aus anderen europäischen Ländern sowie aus dem jeweiligen Gastland mit ein. Dass aus einem internationalen Projekt heraus eine Tourneeausstellung entstand, kam erstmals 2008/2009 mit *prêt-à-partager* vor: 17 Kulturschaffende aus Afrika und Europa arbeiteten zehn Tage in einem Workshop in Dakar gemeinsam an künstlerischen Antworten auf Fragen der Identität und Geschichte im Zusammenhang mit Mode. Die Ergebnisse flossen im Anschluss in die gleichnamige Tourneeausstellung ein.

Entstanden in den 1950er Jahren mit dem Auftrag, Kunst und Kultur aus Deutschland im Ausland zu präsentieren, sind die Tourneeausstellungen heute zu Plattformen für internationale Begegnungen und künstlerischen Austausch geworden. Sie verhandeln aktuelle gesellschaftliche Fragen und Aspekte, die weltweit von Bedeutung sind, wie beispielsweise *Future Perfect*. Für diese Schau haben sich in Deutschland lebende Künstler mit Zukunftsvorstellungen auseinandergesetzt und über den Verlauf von Geschichte spekuliert. Für Nina Bingel, Leiterin des Bereichs „Ausstellungen im Ausland", ist der aktuelle Bezug wichtig: „Wir reagieren auf Veränderungen, nehmen neue Impulse auf und setzen auf nachhaltige Beziehungen. Denn nur, wenn man miteinander im Gespräch bleibt, sich zuhört, die Denkweise des Gegenübers kennenlernt und Verantwortung übernimmt, ist ein gemeinsames, friedliches Miteinander möglich."

Dr. Heike Denscheilmann ist Diplomkulturwissenschaftlerin. Sie studierte Kulturwissenschaften und ästhetische Praxis an der Universität Hildesheim und *Médiation Culturelle de l'Art* an der Université d'Aix-Marseille, Frankreich. 2012 promovierte sie an der Universität Hildesheim zum Thema „Deutschlandbilder. Ausstellungen im Auftrag Auswärtiger Kulturpolitik".

Die Ausstellung „Bildermode – Modebilder“, die ich 1995 für das Institut für Auslandsbeziehungen erarbeiten durfte, war während ihrer Tournee in 54 Städten auf fünf Kontinenten, von New York bis Kuala Lumpur und von Nishni Nowgorod bis Belo Horizonte, zu sehen. Für mehrere Stationen habe ich die Ausstellung selbst installiert und eröffnet – und war überrascht und erfreut über die Vielfalt der Veranstaltungen und die breite Akzeptanz, die sie auslöste. Diese Tournee ist meiner Ansicht nach ein hervorragendes Beispiel für die Aktivitäten des ifa in der Vermittlung deutscher Kultur in der Welt. Der Erfolg des ifa beruht auf der Tatsache, dass seine Projekte ein anderes, ein unerwartetes Deutschlandbild jenseits aller Klischees präsentieren. Sie stehen vielmehr für eine äußerst spannungsvolle kulturelle Identität.

100 Jahre währt die Arbeit des ifa bereits, und ihre Bedeutung für den Kulturaustausch und den Frieden ist überhaupt nicht zu ermessen. Heute ist die Verständigung der Völker und Religionen durch unmittelbare Begegnung und die Vermittlung von Wissen notwendiger denn je. Für die Zukunft wünsche ich deshalb dem ifa die Energie, neue Projekte zu beginnen, sowie Durchhaltevermögen auch in herausfordernden Zeiten und Erfolg in der globalen Kulturarbeit!

F.C. Gundlach zählt zu den bekanntesten Modefotografen der Welt. Seine Aufnahmen aus den 1950er bis 1970er Jahren, die sich auch mit gesellschaftlichen Phänomenen und aktuellen Strömungen in der Bildenden Kunst auseinandersetzen, sind vielfach zu Ikonen geworden. Für das ifa kuratierte er 1995 die Ausstellung „Bildermode – Modebilder: Deutsche Modephotographie 1945–1995“, sie dokumentiert fünf Dekaden Modefotografie.

↑ „Op-Art Badeanzug“ (1966)

↑ Transport einer Ausstellung in Israel
↗ Günther Uecker beim Aufbau der Ausstellung 2016 in Rostock
↖← Eine Ausstellung reiste um die Welt. 1993 in Rostock eröffnet, tourte „Günther Uecker. Der geschundene Mensch – 14 befriedete Gerätschaften“ 23 Jahre lang und wurde unter anderem im Iran, Kuba oder Marokko gezeigt. 2016 fand sie ihren Abschluss in Rostock.

In jedem Land erfahren die Objekte einen neuen kulturellen Kontext

Volker Abus & Jennifer Endro
Ein Gespräch mit dem Kurator Volker Albus über das Konzipieren von Ausstellungen, dem Aufbau unter Hochdruck und Erinnerungen an besondere Orte

Jennifer Endro: Seit Ende der 1990er Jahre kuratieren Sie für das ifa Designausstellungen, die weltweit gezeigt werden. Wie sieht Ihr kuratorischer Ansatz aus?

Volker Albus: Designobjekte sind Gegenstände, die wir aus unserem unmittelbaren Lebensalltag kennen, sie sind deshalb eigentlich auf Anhieb erfassbar. Die Herausforderung beim Konzipieren einer solchen Ausstellung besteht darin, dass diese Objekte in jedem Land in einen neuen kulturellen Kontext versetzt werden. Daher suche ich nach Themen, die über einen langen Zeitraum und weltweit relevant sind. Bei der Ausstellung „anders als immer“ ging es um das Spiel und den Bruch mit Konventionen, bei *new olds* um das Verhältnis der gezeigten Objekte zur Tradition.

Bei den Ausstellungsorten kann es sich um Museen, Galerien oder völlig andere Räumlichkeiten handeln. Wie berücksichtigen Sie die verschiedenen lokalen Gegebenheiten?

Die Ausstellungen haben immer eine große Geschlossenheit, das ist essenziell. Ich arbeite mit einer modularen Ausstellungsarchitektur, die höchst flexibel ist. Dazu gehören Podeste und Wände, die für jedes Objekt bzw. bestimmte Objektgruppen wie Inseln funktionieren und die man abhängig von der Ausstellungsfläche oder der Form des Raums recht unkompliziert neu arrangieren kann. Zusammen mit dem ifa habe ich im Laufe der Jahre das Beschriftungssystem weiterentwickelt. Für „anders als immer“ wurden die Podeste und Wände zum Beispiel mit einem Tafellack angestrichen und in der jeweiligen Landessprache mit Kreide beschrieben.

→ Fotoserie von Volker Albus: Kioske in Thessaloniki

Sie betreuen jeden Aufbau persönlich. Mit welchen ungewöhnlichen Situationen wurden Sie vor Ort schon konfrontiert?

Wir bekommen in der Regel vorab Pläne von den Räumen. Die Materialität der Räume oder die Lichtverhältnisse sind darin allerdings nicht berücksichtigt. Ich habe auch schon oft erlebt, dass die Pläne nicht mit dem übereinstimmten, was ich vor Ort vorfand. Als ich in Manila den Aufbau der Ausstellung „anders als immer“ betreute, befanden sich noch Einbauten aus einer vorherigen Präsentation im Raum, die das Museum behalten wollte. Eine zweite Herausforderung ist die Zugänglichkeit der Räume. Wir waren schon mit defekten Lastenaufzügen konfrontiert, oder aber es gab keinen Raum zur Lagerung oder zum Auspacken der Transportkisten. In einem alten Militärmuseum in Novi Sad wurden die Kisten mit einem Raupenschlepper über die Terrasse gefahren, danach war der Außenbereich völlig ruiniert. An jeder Station erwartet mich eine völlig neue Situation. Ich kuratiere nun schon über 20 Jahre für das ifa und war bestimmt an 80 Stationen – da bekommt man eine gewisse Routine. Das wichtigste ist aber, sich auf die jeweilige Situation einzulassen und entscheidungsfreudig zu sein. Der Zeitdruck ist immens. Die Ausstellungen werden in drei bis vier Tagen aufgebaut. Man kann also nicht stundenlang überlegen, ob man das Objekt noch um einen Millimeter verrücken möchte. Es geht darum, ein gutes Gesamtergebnis zu erreichen.

Ist es schon vorgekommen, dass eine Ausstellung nicht rechtzeitig an einem Ort eingetroffen ist?

Bislang konnte zum Glück jede Ausstellung am Eröffnungstag gezeigt werden. Ich erinnere mich aber an zwei Stationen, wo es etwas brenzlig wurde. In Venezuela haben die Zollbeamten die Kisten erst eineinhalb Tage vor der Eröffnung freigegeben. Wir haben das nur noch rechtzeitig geschafft, weil die Ausstellung auf einer Farm eingerichtet wurde, mit einer großzügigen Fläche, und wir keine eigene Ausstellungsarchitektur brauchten. Und in Manila kamen die Kisten nachts an, und wir

> „Das wichtigste ist aber, sich auf die jeweilige Situation einzulassen und entscheidungsfreudig zu sein.“

standen stundenlang in einer Tiefgarage, während um uns herum Dieselmotoren liefen. Das war schon sehr strapaziös.

Wenn Sie auf die letzten zwei Jahrzehnte zurückblicken: wie haben sich die Ausstellungen im Laufe der Zeit geändert?

Wir sind so viel weiter als Ende der 1990er Jahre, als wir die ersten Designausstellungen einrichteten. Anfangs waren noch keine lokalen Designer involviert. Rückblickend muten die Ausstellungen von damals fast wie Leistungsschauen an: Sie vermittelten ein recht funktionales und nüchternes Bild der deutschen Designszene. Das ist heute völlig anders. Wir zeigen Objekte von deutschen oder europäischen Designern in anderen Ländern, aber wir wollen auch mit der lokalen Design- und Kunstszene ins Gespräch kommen. Jeder Ort hat seine spezifischen Ressourcen. Man muss sich nicht am westlichen Standard orientieren, man kann mit lokalen Materialien arbeiten.

Welche Orte oder Momente sind Ihnen besonders in Erinnerung geblieben?

400 Kilometer auf der Seidenstraße durch Usbekistan zu fahren, war so etwas Besonderes. Dann ist da noch der *Grūtas*-Park im Süden von Litauen. Als im Zuge der Transformationsprozesse die Statuen sozialistischer Helden zerschlagen wurden, fing ein Pilzhändler an, sie zu sammeln. Wenn man nun dort in den Wald geht, wird man von teils zehn Meter hohen Stalin-Figuren empfangen. An jeder Ausstellungsstation gehe ich auf die Märkte,

vor allem auf die Nachtmärkte. Ich dokumentiere die Besonderheiten, die mir an den verschiedenen Orten auffallen, in Fotoserien.

Bringen Sie auch Dinge von Ihren Reisen mit?

Zum Leidwesen meiner Familie bin ich gnadenlos. Ich bringe Lebensmittel, Handwerkerbedarf oder auch Designobjekte mit. In Baku bin ich durch Zufall in einem Laden auf einen Teppich mit sozialistischem Motiv gestoßen. Ein Porträt von Lenin ziert ihn. Der Teppich liegt nun bei uns in der Wohnung. In Brasilien fand ich ein Saxofon aus Bambus und in China einen Stuhl aus Wurzelholz, auf den mich einer meiner Studenten aufmerksam gemacht hat; der blieb noch drei Jahre lang am selben Ort stehen, bis ich eine Transportmöglichkeit fand. Mein Zuhause ist voll von diesen Objekten. Jedes Mal, wenn ich von einer Reise komme, ist meine Familie schon ziemlich gespannt, was ich mitbringe.

Was wünschen Sie sich für die Zukunft?

Ich würde mir wünschen, an den Ausstellungsorten mehr Zeit zu haben. In der Regel bin ich nach dem Aufbau nur noch am Eröffnungstag da, wo erste Bekanntschaften entstehen. Um nachhaltige Kontakte zu knüpfen oder um die Ausstellung vor Ort zu vermitteln, bräuchte man mehr Zeit. Ich würde mir wünschen, dass man diesen Moment, der der wichtigste und ergiebigste Moment sein kann, noch stärker nutzt.

Volker Albus ist Professur für Produktdesign an der Staatlichen Hochschule für Gestaltung in Karlsruhe. Für das ifa kuratierte er die Designausstellungen „bewußt, einfach“ (1998), „anders als immer“ (2005), *new olds* (2011) und wirkte bei *Come-in* (2002) mit. 2016 konzipierte er die Ausstellung *Pure Gold*, die sich mit *Upcycling* auseinandersetzt und im September 2017 in Deutschland eröffnet wird.

Jennifer Endro war mehrere Jahre in der Kulturabteilung des Goethe-Instituts tätig, unter anderem als Referentin im Bereich Wissenschaft und Zeitgeschehen sowie als Referentin für Residenzprogramme. Seit Februar 2016 leitet sie das Projekt „100 Jahre ifa“.

Jeder deutsche Kulturschaffende, der seine Arbeit im Ausland präsentieren möchte, wird dem ifa begegnen, das sich große Verdienste um die internationale Kulturförderung erworben hat. Unsere Zusammenarbeit mit dem ifa reicht viele Jahre zurück. Gemeinsam mit Transsolar kuratierten wir eine Ausstellung zum Thema Nachhaltigkeit, die – vom Architekturforum AEDES in Berlin angeregt und vom ifa gefördert – über viele Jahre an zahlreichen Orten in der ganzen Welt zu sehen war. Das ifa war uns immer ein konstruktiver, kritischer Partner, dessen Bemühungen um gute Ausstellungsorte und Organisation großartig waren.

Ich wüsste kein besseres Instrument für die Bundesrepublik Deutschland, um unsere Kultur im Ausland zu repräsentieren, aber auch um uns fremde Kulturen zu vermitteln. Deutschland könnte sich bei einer Ausweitung dieser Tätigkeiten, bei einer großzügigen Budgetierung, nicht nur nach außen als kulturschaffende Nation darstellen, sondern vor allem im Inneren für größere Offenheit gegenüber anderen sorgen. Unsere innenpolitischen Probleme, einige der Unsäglichkeiten der letzten Zeit, könnten dadurch vielleicht vermieden werden, basiert doch Fremdenfeindlichkeit weitgehend auf Unwissen, auf mangelnder Berührung mit dem Anderen und seiner Kultur.

Stefan Behnisch entwickelte mit seinem Büro „Behnisch Architekten“ und „Transsolar KlimaEngineering“ die Ausstellung *ECOLOGY.DESIGN.SYNERGY*, die von 2006 an zehn Jahre lang um die Welt tourte und in 38 Städten, 22 Ländern und 5 Kontinenten gezeigt wurde.

→ „Berthold Beitz, Max Schmeling, Ball des Sports", 1985
↓ „Die Mauer ist offen", 10. November 1989

Alles in einem Bild

Barbara Klemm
Ein Portrait von Anne Haeming

Es ist ein unheimliches, surreales Licht, wie nach einer Naturkatastrophe, mittendrin das Brandenburger Tor, es scheint sich fast aufzulösen. Nur der untere Bildrand ist schwarz. Vereinzelt lösen sich Regenschirme aus der Masse, rechts ein Transparent, „Deutschland einig Vaterland“ steht darauf, verkehrt herum.

„Manchmal weiß man sofort, dass ein Bild gelungen ist“, sagt Barbara Klemm über das Foto, das bei der Maueröffnung 1989 in Berlin entstand. „Das war einer dieser Momente.“ Die Fotografin war eigentlich schon dabei, wieder zu gehen. Im letzten Augenblick drehte sie sich um, sah das Brandenburger Tor in diesem herbstvernebelten Licht, von unten angestrahlt, dank der TV-Kameras. „Ich musste auf ein Absperrgitter klettern, um diese Perspektive zu bekommen. Es war genau das Bild, das ich mir erhofft hatte.“

Es wurde Barbara Klemms Foto von der Wiedervereinigung. Ihre Aufnahmen prägten das Bild, das Deutschland von sich selbst machte: Seit 1970 arbeitete sie als Fotojournalistin für die „Frankfurter Allgemeine Zeitung“. Ganz gleich, ob sie 1974 den Obdachlosen vor dem Goethe-Poster in der U-Bahn-Station ablichtete, Moslems, die 1981 vor dem Bonner Werkstor von Ford beten, „Gastarbeiter", die 1971 am Frankfurter Hauptbahnhof ankommen, die Proteste gegen die Startbahn West oder einen FDJ-Marsch: Ihre Bilder zeigen, was im Land vor sich ging. Und eben jenes Bild deutscher Verfasstheit schickte das ifa (Institut für Auslandsbeziehungen) 2007 und 2009 auf Tournee. Klemms Arbeiten sind in den zwei großen Ausstellungen „Zeitsprung" (zusammen mit Bildern von Erich Salomon) und „Helldunkel. Fotografien aus Deutschland" zu sehen.

Der Schriftsteller Durs Grünbein erklärte in einer Laudatio auf Klemm einmal, sie habe mit ihrem Œuvre das „Familienalbum der Nation" mitgestaltet. Die Formulierung gefällt ihr, zumal sie sich immer um den verbindenden, grenzüberschreitenden Blick auf beide Teile des Landes bemüht hat. Es war ihr immer wichtig, auch das Leben in der DDR zu zeigen. Sie erinnert sich, wie sie 300 Fotos zum ersten Treffen in Vorbereitung der Ausstellung mitnahm. Zusammen mit Ursula Zeller, der langjährigen Leiterin der Abteilung Kunst beim ifa, und Kurator Matthias Flügge reduzierte sie das Konvolut auf etwa 120 Arbeiten, wobei sie den Fokus auf die ehemalige DDR, West-Deutschland und die Wiedervereinigung legten.

Das Interessante, ihre Arbeiten im Ausland zu präsentieren: In Deutschland kennt die Fotografin ihr Publikum und dessen Erwartungen, sie kann die Assoziationen einschätzen. Sobald die Bilder jedoch an anderen Orten der Welt gezeigt werden, erscheinen die Motive abstrakter und ihr Interpretationsspielraum wird größer. Über den Verlust des Kontexts, das Verschwinden von Sinnebenen machte sich Klemm jedoch nie Sorgen: „Ich bin immer von den besten Bildern ausgegangen", sagt sie zuversichtlich. „Wenn wir ein Motiv hier verstehen, muss es auch im Ausland zu verstehen sein."

Ihr Arbeitsprinzip ist das der „freundlichen Penetranz", man müsse Dinge eben einfach mal ausprobieren. „Das habe ich gelernt, als ich über Erich Salomon las. Er erzählte, dass es

Barbara Klemm (geboren 1939 in Münster) machte eine Ausbildung zur Porträtfotografin. Ab 1959 arbeitete sie für die „Frankfurter Allgemeine Zeitung" in Frankfurt am Main, zunächst im Fotolabor, ab 1970 als Fotojournalistin. Sie hat unter anderem eine Honorarprofessur an der FH Darmstadt. Klemm lebt in Frankfurt am Main.

Anne Haeming ist Kulturjournalistin und lebt in Berlin.

immer wieder Situationen gebe, in denen man uns Fotografen eigentlich nicht haben möchte." Und das galt anfangs besonders für sie als Frau im männlichen dominierten Feld der Pressefotografie. Auch deshalb suchte sie immer einen eigenen Weg – gerne dort, wo nicht alle anderen Kollegen schon waren, sondern abseits, am Rand. „Man muss darauf achten, dass man nicht sofort losfotografiert, sondern beobachtet", sagt sie, „man darf sich nicht von der Euphorie mitreißen lassen", egal ob bei den Studentenprotesten in den 1970er Jahren oder der Wiedervereinigung. Man dürfe sich nicht gemein machen, so ihre Haltung, und müsse Distanz wahren. Das macht die Perspektive in ihren Bildern besonders. Nur so konnte etwa ihre berühmte Aufnahme von Willy Brandt und Leonid Breschnew entstehen, Brandt fast vom Sessel rutschend, Breschnew rauchend daneben, und um sie herum die zahlreichen Referenten.

Besonders inspirierend habe sie es immer gefunden, im Rahmen ihrer ifa-Ausstellungen im Ausland mit Kollegen ins Gespräch zu kommen, erzählt Klemm, zu erfahren, wie sie arbeiten. Denn der Kontext definiert die Arbeitsweise: Reportagefotografie ist wie kaum ein anderes fotografisches Arbeitsgebiet an den Auftraggeber gebunden: „Es hängt schließlich sehr von der jeweiligen Zeitung und der Lage der Pressefreiheit im Allgemeinen in den verschiedenen Ländern ab, was genau wie veröffentlicht werden kann und somit auch, wie sich der Fotograf ausdrücken kann." Auch in Deutschland habe sich die Pressefotografie verändert, sagt Klemm, seit der Digitalisierung werde viel zu viel fotografiert und publiziert: „Heute geht es mehr um die Menge als um die Qualität eines Bildes", und sie schiebt hinterher: „Mir war es immer wichtig, in einem einzigen Bild eine komplexe Situation zu zeigen", sagt Klemm. „Ich glaube, meine Bilder vermitteln meine Empathie."

Gerade deshalb ist sie sich bewusst, wie unterschiedlich ihre Werke wirken können, je nachdem, wo sie zu sehen sind. Etwa in Kalkutta, wo die Bevölkerung im Alltag mit ganz anderen Problemen konfrontiert ist, als dass sie sich mit

Schwarzweißfotografien aus dem Deutschland der 1970er Jahre beschäftigen möchte. Und so kann es vorkommen, dass Klemm vor Ort, wenn die Bilder gehängt werden, spontan entscheidet, ein, zwei Bilder nicht zu zeigen:

Obdachlosigkeit, Armutsszenen, das würden sie selbst genug kennen, das brauche sie ihnen nicht zu zeigen, findet sie.

Dass ihre Bilder im Ausland touren, liegt Klemm aus einem Grund am Herzen. Gerade in Ländern, die politisch und infrastrukturell lange von anderen Teilen der Welt isoliert waren, ist es ihrer Meinung nach wichtig, externe Positionen zu zeigen: „Das inspiriert – und bestärkt einen im eigenen Arbeiten", betont sie. „Ich selbst profitiere immer davon, wenn ich mir Werke von Kollegen anschaue. Es ist gut, zu sehen: Da ist einer, der arbeitet so ähnlich wie ich."

Genau darum geht es Klemm in der Kooperation mit dem ifa. Sie eröffnet die beste Möglichkeit, Künstlern überall auf der Welt Mut zu machen. Es ist ein tröstender und beruhigender Gedanke, dass junge Fotografen in Nowosibirsk oder Kuwait erkennen: Ich bin mit meinem Blick auf die Welt nicht allein. Und: Es lohnt sich, sich manchmal einfach noch einmal umzudrehen.

Das ifa ist eine der wichtigsten deutschen Kulturmittlerorganisationen mit unzähligen Partnern in der Welt. Insbesondere seit der klugen Führung durch Hermann Pollig kuratierten hervorragende Kollegen in ihren jeweiligen Spezialgebieten viel beachtete Ausstellungen der bildenden Kunst (Fotografie und Video früh einbeziehend) sowie Design- und Architekturausstellungen, die international gezeigt wurden. Wobei das ifa nicht nur deutsche Künstler auf ihrem Weg in die Welt unterstützt, sondern auch Kulturschaffende von allen Kontinenten nach Deutschland einlädt. Die einleuchtende, aber bürokratisch folgenschwere Idee des Ankaufs ganzer Retrospektiven gehört ebenso zu seinen Verdiensten wie die Herausgabe umfangreicher Publikationsreihen, etwa einer Geschichte der „Fotografie in Deutschland – von 1850 bis heute“ in 15 Bänden. Kaum eine Institution hat so viel für die deutsche bildende Kunst getan und sie zugleich mit der weltweiten Kulturlandschaft aufs Engste verwoben.

Weitere 100 Jahre ifa wünscht sich und
der deutschen Kultur,

Wulf Herzogenrath

Wulf Herzogenrath ist Kunsthistoriker und Kurator. Er war in den 1970er und 1980er Jahren im Beirat des ifa und konzipierte seit den 1980er Jahren vier Ausstellungen zur Fotografie und Videokunst in Deutschland. Bis 2011 war er Direktor der Kunsthalle Bremen, leitet die Abteilung Bildende Kunst der Akademie der Künste, Berlin, ist Sprecher des „Leipziger Kreises“ der deutschen Museen und lebt in Berlin und Köln.

↑ Mit der Reportage „Die Rückkehr der Wüstenritter" berichtete *Peace Counts* über ein Friedensprojekt in Nord-Mali.

Uns verbindet eine geistige Wahlverwandtschaft

Michael Gleich & Rosa Gosch

Wie Journalismus und interkultureller Dialog Friedensarbeit leisten können und welche Rolle dabei die Partnerschaft mit dem ifa spielt. Ein Gespräch mit Michael Gleich, dem Initiator des Projekts *Peace Counts*

Rosa Gosch: Herr Gleich, wie macht man eigentlich Frieden?

Michael Gleich: Vor 14 Jahren habe ich mit genau dieser Frage Peace Counts initiiert. Es ist ein journalistisch-friedenspädagogisches Projekt, das so auf der Welt einmalig ist. Angefangen hat es als Medienprojekt, mit Reportagen über erfolgreiche Friedensmacher weltweit. Schnell haben wir aber gemerkt, dass Schüler mit journalistischen Formaten auch im Unterricht lernen können, wie Friedensprozesse ablaufen. Die Texte und Fotos unserer Berichte verwenden wir heute unter anderem für Ausstellungen und Workshops und zeigen in Krisenregionen und in Deutschland, welche Lösungen weltweit für welche Konflikte gefunden werden. Das Spektrum umfasst beispielsweise Versöhnungs- und Wahrheitskommissionen, Täter-Opfer-Ausgleich, interreligiöse Dialoge, Traumaheilung oder die Wiedereingliederung von Kindersoldaten in die Gesellschaft. Wir veranstalten zu diesen Aspekten friedenspädagogische Seminare und Journalistentrainings.

Wie genau sieht Ihre Arbeit aus?

Wir betreiben und lehren „konstruktiven Journalismus". Wir berichten über Konflikte und soziale Probleme und konzentrieren uns dabei auf Lösungen und Erfolge. Die Reportagen von Peace Counts stammen mittlerweile aus über 50 Konfliktregionen und sind in großen deutschen Medien erschienen. Unsere Partner, die Friedenspädagogen der Berghof Foundation, richten Lernzirkel für Schüler aus und stellen Unterrichtsmaterial für Lehrer zur Verfügung.

Das ifa kooperiert mit *Peace Counts* seit dessen Gründung. Was zeichnet diese Zusammenarbeit aus?

Uns verbindet eine geistige Wahlverwandtschaft, denn es geht uns beiden um den interkulturellen Dialog. In unseren Reportagen dokumentieren wir, welche sozialen Erfindungen Friedensprozesse voranbringen. Die dabei gewonnenen Erfahrungen fließen in Trainings für Journalisten in Konfliktregionen ein. In Ländern wie Sri Lanka, Elfenbeinküste und Kolumbien haben wir bereits mit Seminaren für das Konzept eines konstruktiven Journalismus geworben, der seinen Fokus auf Lösungen für soziale Probleme richtet. Das ifa-Förderprogramm „zivik – Zivile Konfliktbearbeitung" unterstützt uns dabei finanziell. *Peace Counts* und das ifa haben den gleichen Willen, dieses dicke Brett „Frieden" gemeinsam zu bohren. Zuletzt hat sich das bei „Studio Mozaik", einer Radioschule für Friedensjournalisten in der Elfenbeinküste, gezeigt.

Warum ist dieses Projekt besonders?

In der Elfenbeinküste gibt es wenig Qualitätsjournalismus, von „konstruktivem Journalismus" ganz zu schweigen. Zusammen mit der Europäischen Union hat das ifa den Aufbau von „Studio Mozaik" unterstützt. Dort bilden wir 40 Journalisten pro Jahr aus und produzieren Programme, die die Versöhnungsprozesse im Land unterstützen. Auf lange Sicht wollen wir den ersten politisch unabhängigen Radiosender in der Elfenbeinküste schaffen.

Was erwarten Sie für die Zukunft Ihrer Kooperation mit dem ifa?

Der Draht zwischen dem ifa und uns besteht ja nicht nur durch die finanzielle Förderung. Als ich zuletzt den *Global Peacebuilder Summit* plante, zu dem sich im September 2016 Friedensstifter aus der ganzen Welt in Berlin trafen, habe ich mich natürlich mit „zivik" ausgetauscht: Wer sind die besten Protagonisten, die wir einladen sollten? Auch bei den nächsten Friedensgipfeln 2017 und 2018 werden wir im engen Kontakt stehen. Ich bin sicher: wir werden immer wieder neue Projekte finden, mit denen wir gemeinsam Friedensprozesse voranbringen können.

„Mit journalistischen Formaten kann man moderne Friedenspädagogik betreiben."

Michael Gleich ist Journalist, Buchautor und Initiator zahlreicher Medienprojekte. Seine Reportagen sind unter anderem in „GEO", „Stern" und im „Zeit"-Magazin erschienen. 2002 initiierte er *Peace Counts*, ein multimediales Projekt über erfolgreiche Friedensmacher weltweit. Seit 2016 organisiert er den *Global Peacebuilders Summit*, einen Friedensgipfel für Vertreter der Zivilgesellschaft.

Rosa Gosch ist Journalistin und lebt in Berlin.

Das Programm „zivik" berät Nichtregierungsorganisationen und das Auswärtige Amt in der zivilen Konfliktbearbeitung. „zivik" fördert, dokumentiert und evaluiert weltweit Projekte in Krisenregionen. Seit 2001 wird der Bereich der „Zivilen Konfliktbearbeitung" ausgebaut und der Aktionsplan der Bundesregierung „Zivile Krisenprävention, Konfliktlösung und Friedenskonsolidierung" umgesetzt.

2011

Verleihung des „Goldenen Löwen“ für den Beitrag im Deutschen Pavillon (Künstler Christoph Schlingensief 1960–2010) an die Kuratorin Susanne Gaensheimer (rechts) und Aino Laberenz auf der 54. Biennale di Venezia

↑ Aus dem Fotoessay *Syrian Refugees*, Jordanien, 2013
← Aus dem Fotoessay *Sugar Cane*, Nicaragua, 2015
Erschienen in der „Edition Porträts“ anlässlich der Verleihung des Theodor-Wanner-Preises an Human Rights Watch, 2016

Zur Gründung der ifa-Akademie

Martin Kilgus

Seit Mai 2016 gibt es die ifa Akademie. Sie ist für das Weiterbildungsprogramm im Bereich der Auswärtigen Kultur- und Bildungspolitik (AKBP) zuständig. Die Akademie bietet, zusätzlich zu den bewährten Deutschkursen des ifa, Seminare und Trainings für Akteure der AKBP an. Fortbildung ist keine neue Aufgabe für das ifa, es kann auf eine lange Reihe an Bildungsangeboten zurückblicken.

Als Deutschland nach dem Zweiten Weltkrieg neue internationale Handelsbeziehungen aufbaute, waren sich Industrie-, Handelskammern und Handwerkskammern, Unternehmen sowie die Wirtschafts- und Kultusministerien der Länder der Tatsache bewusst, dass Fach- und Führungskräfte über interkulturelle Erfahrung verfügen mussten, um auf internationalem Parkett nicht in „Fettnäpfchen“ zu treten. Im Ausland sollte nicht etwa durch „unangebrachtes“ Verhalten – wie es damals hieß – ein unvorteilhaftes Deutschlandbild vermittelt werden. Aus diesem Grund bot das ifa seit den 1950er Jahren „Interkulturelle Seminare“ für Unternehmen an, deren Mitarbeiter sich in länderkundlichen und kulturspezifischen Trainings auf ihre Auslandseinsätze vorbereiten konnten. Generalsekretär Franz Thierfelder veröffentlichte damals die „Zwölf Goldenen Regeln für Auslandsreisende“ in den „Mitteilungen“, darunter zum Beispiel: „Kleide Dich so, das Dich niemand bemerkt, aber setze Dir keinen Fez auf.“ Darüber mag man aus heutiger Sicht schmunzeln, aber korrekte Kleidung, Umfangsformen und Verhandlungsstrategien sind nach wie vor gefragte Themen, wenn es um kulturelle Sensibilität geht.

Dennoch ist die gegenwärtige Situation mit der damaligen nicht vergleichbar. Heute haben Personen und Institutionen, die sich im Arbeitsfeld der Auswärtigen Kultur- und Bildungspolitik bewegen, einen Bedarf an spezifischeren Weiterbildungsangeboten. Insbesondere zivilgesellschaftliche Akteure möchten wir mit den Seminaren der „ifa Akademie“

ansprechen. Die regionalen oder thematischen Schwerpunkte, die wir dabei setzen, betreffen aktuelle Fragestellungen der AKBP. Das Seminar *Digital Cultural Diplomacy* ist ein gutes Beispiel: Es beschäftigt sich damit, wie sich Kommunikationsprozesse durch den Einsatz neuer Medien und sozialer Netzwerke in der AKBP verändern, und welches Potenzial diese Kommunikations- und Vernetzungsinstrumente für die Umsetzung einer auswärtigen Kulturpolitik bieten.

Zurzeit erarbeiten wir mit der University of Edinburgh einen Online-Studiengang zur *Cultural Diplomacy.* Ab Herbst 2017 wird es möglich sein, sich für den Master-Studiengang einzuschreiben oder auch einzelne Module zu belegen. Dieses Angebot richtet sich explizit an Angehörige der Diplomatischen Dienste, an international tätige Experten sowie an Fachkräfte in NGOs, Behörden, Verbänden, Vereinen und Kulturinstitutionen. Auch die Deutschkurse entwickeln wir ständig weiter. So gibt es inzwischen bereits einen spezifischen für Ärzte, und auch Kurse für Pflegekräfte sind in Planung. Weitere Schwerpunkte sind E-Learning und didaktisch innovative Methoden des modernen Spracherwerbs.

Die „ifa Akademie" versteht sich insbesondere als Plattform. Es geht uns nicht allein um Wissensvermittlung, sondern im Idealfall vernetzen sich die Teilnehmer der Deutschkurse, Seminare und Trainings untereinander, um über den Unterricht hinaus voneinander zu profitieren.

Martin Kilgus war als Journalist für die NBC in Washington sowie für den Südwestrundfunk tätig, bevor er die Leitung der „ifa Akademie" übernahm.

TOUT
EST POLITIQUE

Renaissance des Analogen

Gerhard Steidl

„Das ifa steht für interkulturellen Dialog. Und wie können sich verschiedene Kulturen wohl besser kennenlernen als ganz altmodisch analog: bei echten Begegnungen, im persönlichen Austausch, von Mensch zu Mensch.“

Von einem „papierlosen Büro“ bin ich in meinem Arbeitsreich denkbar weit entfernt. Nicht nur als Drucker habe ich ein intensives Verhältnis zum Papier, sondern auch als Mensch, der sich analog organisiert und dem das digital nicht entscheidend besser gelingen würde. So wie ich gedruckte Zeitungen lese und gern aus Stein oder Beton errichtete Buchhandlungen betrete. Alte Schule eben, altmodisch. Veraltet? Gestrig?

Jedenfalls bin ich damit nicht allein. Das gedruckte Buch in seiner seit Gutenberg bewährten Gestalt hat über die Jahre Marktanteile an das E-Book abgeben müssen, diese stagnieren aber inzwischen auf einem Niveau von unter fünf Prozent des Gesamtumsatzes für Bücher. In vielen Bereichen gibt es, der einst berühmten Filmmaterial-Firma Kodak zufolge, sogar eine „Renaissance des Analogen“: Deshalb bietet Kodak eine Neuauflage seiner legendären analogen Super-8-Schmalfilmkamera an – für Filmstreifen, die sich in den Projektor einlegen lassen wie früher. Ein Produkt nicht für alte Verweigerer, sondern für junge Anspruchsvolle, denn, so Kodak: „There are some moments that digital just can’t deliver.“

Dies liegt auf einer Wellenlänge mit der Auferstehung der Vinylschallplatte, der Wertschätzung für Handgemachtes, mit der Lust auf Craft Beer oder dem Trend, technische Geräte zu reparieren, statt sie sofort wegzuwerfen – alles scheinbar Fälle für den Nostalgiker, die bei näherer Betrachtung allesamt auch ihr gesellschaftspolitisches Moment offenbaren.

Der Journalist David Sax, der für den *New Yorker* schreibt, weiß, „warum wirkliche Dinge in einer digitalen Welt wichtig sind" („why physical things matter in a digital world"), und wundert sich gar nicht über die Rückkehr des Analogen: Es bereichert das Leben, während das Digitale das Leben allenfalls erleichtert. Der Mensch selbst ist schließlich ein analoges Wesen mit Sinnen und Gefühlen und nicht nur einem Rechenzentrum namens Gehirn.

Auf „Spiegel Online" berichteten im November 2016 Lehrer, dass sie sich von digitalen „Angeboten" im Unterricht eher ausgebremst als beflügelt fühlen. Eine Lehrerin, die von einer Noten-App wieder zum „gedruckten Notenkalender von der Sparkasse" zurückging, sagte: „Baut mir ein Tool, mit dem ich Listen schneller bearbeiten kann als mit dem Stift, und ich werde es nutzen!"

Der Vorteil des Papiers liegt nicht nur im Haptischen, sondern vor allem in der geistigen Aneignung: Zusammenhänge lassen sich in einem Buch aus Papier, Pappe und Bindematerial besser begreifen, und sie verankern sich tiefer im Gedächtnis. Genauso geht es mit der eigenen Kreativität. „Ein Mensch, ausgestattet mit Papier, Stift und strikter Disziplin, ist eine Universalmaschine", sagte Alan Turing, der frühe Theoretiker der modernen Informations- und Computertechnologie.

Gut beraten ist, wer – Kostendruck hin oder her – nicht einfach nur online zugänglich macht, was er mitzuteilen hat, sondern weiß, dass Wissen und Information im gedruckten Buch in mehrfacher Hinsicht besser aufgehoben sind, nämlich zugleich dauerhaft aufbewahrt und in ihrem Rang erhoben. Als Verleger und Drucker bin ich davon überzeugt. Gut, dass das ifa das auch so sieht.

Gerhard Steidl gründete 1968 seinen eigenen Verlag und richtete in Göttingen eine Siebdruckwerkstatt für Druckgrafik und Plakate ein. Inzwischen veröffentlicht Steidl das größte Buchprogramm zeitgenössischer Fotografie und ein ambitioniertes Literaturprogramm, konzipiert und kuratiert Ausstellungen weltweit, u.a. für Karl Lagerfeld und Robert Frank. 2011 begann die Zusammenarbeit zwischen dem Steidl Verlag und dem ifa. Im Programm erscheinen u.a. die „Edition Perspektive Auswärtige Kulturpolitik" oder der „Kulturreport" (EUNIC-Jahrbuch).

In Zeiten wachsender nationalistischer und xenophobischer Tendenzen erfordert die Verteidigung von Menschenrechten noch größeres Bemühen um Dialog und gegenseitiges Verständnis, wenn wir für unsere wichtigsten Grundsätze eintreten wollen. Die Arbeit des ifa (Institut für Auslandsbeziehungen) ist von unschätzbarem Wert, da sie die Zivilgesellschaft stärkt und sich einer Politik der Angst entgegenstellt.

Kenneth Roth ist seit 1993 Executive Director von Human Rights Watch. Die Organisation, die sich in mehr als 80 Ländern weltweit für den Schutz der Menschenrechte einsetzt, erhielt für ihr Engagement 2016 den Theodor-Wanner-Preis.

Für eine Kultur des Wir

Hans-Joachim Neubauer & Ronald Grätz

Ein Gespräch mit Ronald Grätz, Generalsekretär des ifa

In der Stuttgarter ifa-Zentrale steht eine Büste Theodor Wanners. Würde dem Gründer des damaligen Deutschen Ausland-Instituts (DAI), des heutigen ifa, die Arbeit des Hauses gefallen?

Ganz bestimmt! Das Institut wurde 1917, im Ersten Weltkrieg, hier in Stuttgart gegründet – als „Werk des Friedens inmitten des Kriegs". Ganz so idealistisch war es nicht, das DAI betreute nicht primär aus pazifistischen Gründen die sogenannten Auslandsdeutschen. Aber es stand immerhin für die Erkenntnis, dass kultureller Austausch eine Brücke der Verständigung zwischen Deutschland und dem Ausland bilden kann. Diesen Grundgedanken haben wir bewahrt und ausgebaut. Uns trägt die Überzeugung, dass Kulturarbeit Friedensarbeit ist.

Was kann die Kulturmittlerorganisation ifa in der Auswärtigen Kultur- und Bildungspolitik (AKBP) leisten?

In drei zentralen Feldern tragen wir nachhaltig zur AKBP bei: Forschung und Beratung, Kunst und Kulturaustausch, zivilgesellschaftlicher Dialog und Friedenssicherung. Als Brücke zwischen Wissenschaft, Politik, Medien und Kulturakteuren stellt das ifa durch seine große Fachbibliothek und sein Forschungsprogramm wichtige Basisinformationen bereit und berät kulturelle und politische Entscheider. Weiterhin entwickeln wir im Kunstbereich neue Formate der Vermittlung von bildender Kunst, Design und Architektur. Und schließlich fördern wir den Dialog der Zivilgesellschaften, indem wir Verfahren entwickeln, die aus Problemen Potenziale schaffen und zum Beispiel Minderheiten als Brückenbauer verstehen; dazu unterhalten wir auch Förder- und Stipendienprogramme für junge Praktikanten und Berufstätige aus der islamischen Welt und unterstützen NGOs dabei, Länder nach kriegerischen Konflikten wieder aufzubauen.

Was kann das ifa nicht leisten?

Wir können leider keinen Frieden in der Welt schaffen – obwohl es nichts Wichtigeres gibt. Ich wünschte mir zutiefst, Kultur könnte der Schlüssel zu Frieden sein, doch sie allein kann Frieden nicht schaffen. Wir versuchen aber, einen Beitrag zu leisten.

Macht und Geld prägen Politik. Hat Kultur überhaupt eine Chance, etwas zu bewegen?

Natürlich merken wir nicht nur in Europa, dass Machtpolitik eine Renaissance erfährt. Der Dialog der Zivilgesellschaften und der künstlerische Austausch können einen Gegenpol bilden, weil wir damit Menschen eine andere Dimension des Kontakts aufzeigen. Es geht nicht um die Durchsetzung von Interessen, sondern um die Verständigung über gemeinsame Verantwortung. Dic Macht des Dialogs ist das eine; der Versuch, Menschen in ihrer Biografie, auf ihrem Lebensweg durch Kultur zu bereichern, ist das andere. Wenn es glückt, ist das schon viel.

Was bedeutet das Schlagwort von der Kultur als Dachkonstruktion auswärtiger Politik?

Kultur ist nicht das Dach, sondern die Basis. Die AKBP ist neben der Diplomatie oder Sicherheitspolitik und der Wirtschaftspolitik eine der drei Säulen, auf der die Außenpolitik ruht. Von Kultur ist jeder menschliche Kontakt geprägt, jede Identitätsbildung – und daher rühren auch viele Konflikte. Man kann Probleme selten allein durch Kultur lösen, aber man muss sich kultureller Standards, Normen und Werte bewusst sein, um Konflikte politisch oder diplomatisch zu überwinden.

Mit wem arbeitet das ifa zusammen?

Wir arbeiten international, und die Liste unserer Kooperationspartner ist sehr lang, angefangen mit dem Charhar Institute in Peking

„Kultur allein kann den Frieden nicht schaffen, aber wir versuchen, einen Beitrag dazu zu leisten."

über Thinktanks wie das Clingendael Institute in Den Haag bis hin zur Internationalen Assoziation der Biennalen. Wir arbeiten ebenfalls intensiv mit EUNIC zusammen, dem Dachverband der europäischen Kulturinstitute. Wir sind primär europäisch vernetzt, aber auch weltweit aktiv.

Mit wem arbeiten Sie nicht zusammen?

Mit Akteuren, die uns für wirtschaftliche oder politische Interessen ausnutzen wollen. Auch haben wir eine Meinung und eine Haltung etwa zu Menschenrechten, zur Meinungsfreiheit und zu vielen anderen zentralen politischen Fragen. Mit dem politisch rechten und rechtspopulistischen Spektrum arbeiten wir nicht zusammen, genauso wenig wie mit jenem links außen.

Wie erreichen Sie Akteure in den Regionen?

Wir haben im Laufe der letzten Jahrzehnte ein dichtes Netz von Alumni- und Kooperationspartnern aufgebaut, und wir kennen die entscheidenden Akteure in den wichtigen Ländern weltweit. Außerdem erreichen wir unsere Zielgruppen über die internationale Kunstszene und über unsere universitären Netzwerke sowie natürlich über umfangreiche Aktivitäten in den sogenannten sozialen Netzwerken.

Ihr Schwerpunktthema 2017 heißt „Kulturen des Wir". Warum?

Im Zuge der Globalisierung bilden sich immer neue Gemeinschaften heraus. Wir wollen fragen, wer heute eigentlich ein „Wir" darstellt.

„In einer Welt ohne Grenzen, in einer Welt ohne Staaten, in einer Welt des Friedens wäre das ifa überflüssig.“

Deutlicher als heute bildeten früher die Familie, das unmittelbare Umfeld oder auch der Staat solche Zusammenschlüsse. Das hat sich verändert. Es gibt eine Vielzahl weiterer, zum Teil neuer Formen des Wir: Netz-Communities, religiöse und politische Zugehörigkeiten. Wenn wir von Europa sprechen, wie setzt sich dieses Wir dann zusammen? Handelt es sich um alle europäischen Staaten, die EU-Mitglieder oder bilden sich innerhalb Europas noch andere Gemeinschaften? Darüber hinaus beschäftigt uns auch, welche Formen des „Wir“ unverzichtbar sind.

Und welche wären das?

Etwa ein neues ökologisches, global solidarisches und verantwortungsvolles Wir zur Erhaltung des Planeten. Und da 60 Millionen Menschen als Flüchtlinge und Migranten ihre Heimat verlassen haben, ist auch ein neues soziales Wir erforderlich, wovon jede Gesellschaft betroffen ist. Alle Gesellschaften müssen sich verändern und neue Formen der Gemeinschaft, des „Wir“ entwerfen.

Sie dürfen träumen I: Ein Mäzen gibt Ihnen 500 Millionen Euro; was tun Sie damit?

Ich gründe eine Stiftung für den weltweiten Kulturdialog mit dem Ziel, globale Entwicklungen aus kultureller Perspektive zu stärken, zu kommentieren, zu diskutieren, um so auch auf die politische Agenda der multinationalen Organisationen Einfluss zu nehmen. Kurz: eine globale Interessensvertretung der Kultur.

Sie dürfen träumen II: Was macht das ifa in zehn Jahren?

Es macht dasselbe wie bisher – noch besser, noch intensiver, noch spezifischer, erfolgreicher und innovativer; es ist zu einem europäischen Institut deutscher Provenienz gewachsen, zu einem Institut für noch mehr Menschen, das relevante Themen kulturell aufarbeitet; auch ist es erheblich größer als jetzt und unterhält weltweit an wichtigen Schaltstellen Vertretungen.

Sie dürfen träumen III: In welcher Welt wäre das ifa überflüssig?

In einer Welt ohne Grenzen, in einer Welt ohne Staaten, in einer Welt des Friedens wäre das ifa überflüssig. Das wäre ein idealer Zustand.

Ronald Grätz ist seit September 2008 Generalsekretär des ifa und Herausgeber der Zeitschrift „Kulturaustausch“. Zuvor war er für das Goethe-Institut in verschiedenen Positionen tätig, unter anderem als Institutsleiter in Portugal und als Leiter der Programmarbeit für die Region Osteuropa/Zentralasien in Moskau. Er arbeitete an der Universität von Barcelona sowie für die Internationalen Organisation für Migration (IOM) in São Paulo.

Hans-Joachim Neubauer ist Professor an der Filmuniversität Babelsberg „Konrad Wolf“.

2016

Der neu eingerichtete Bereich „Humanitäre Hilfe“ bietet Beratung für Organisationen an, die bei Naturkatastrophen, Krisen und Konflikten im In- und Ausland helfen.

↑ Fotografien von Wolfgang Tillmans waren viele Jahre mit der ifa-Ausstellung „Bildermode – Modebilder", die 1995 von F. C. Gundlach konzipiert wurde, unterwegs und sind aktuell in „Weltreise" zu sehen. Für 2018 plant das ifa eine monografische Tourneeausstellung mit Wolfgang Tillmans.

Die europäische Idee ist der einzige Garant für dauerhaften Frieden

Martin Roth & Ronald Grätz

Ein Gespräch mit dem Direktor des Victoria and Albert Museums, Martin Roth, über Herausforderungen in Europa, die Bedeutung der Kulturarbeit und seine neue Rolle als Präsident des ifa

Ronald Grätz: Herr Roth, Sie sind ein überzeugter Europäer und haben das immer wieder verdeutlicht. Vor welchen Herausforderungen steht Europa im Moment, und wie lässt sich die europäische Idee angesichts der aktuellen Entwicklungen verteidigen?

Martin Roth: Die europäische Idee ist der einzige Garant für dauerhaften Frieden. Wir müssen alles dafür tun, damit Europa nicht wieder von partikularistischen Nationalinteressen bestimmt wird. Nur wenn wir anhaltend auf die Vorteile einer europäischen Gesamtpolitik verweisen, an einer europäischen Gesamtidentität arbeiten und gleichzeitig politische Reformen in der EU durchsetzen, besteht eine Chance, sich gegen nationalistische Propaganda zu verteidigen. Außerdem gilt es, bilaterale und multilaterale Kooperationen zu verstärken – man denke nur an die zentrale Bedeutung der deutsch-französischen Freundschaft.

Das ifa arbeitet als Mittlerorganisation im Bereich der Auswärtigen Kultur- und Bildungspolitik. Was kann Kulturvermittlung und Kulturarbeit für den Dialog mit anderen Kulturen leisten – und was nicht?

Man darf die Kulturvermittlung nicht überschätzen und überfordern. Banal gesagt: Ausstellungen und Konzerte haben noch nie einen Krieg beendet – aber auch keinen ausgelöst. Das Konzept der *soft diplomacy* hat seine Grenzen, aber innerhalb dieser Grenzen können wir Großartiges leisten. Wir können dazu beitragen, dass das Verständnis für globale

Zusammenhänge zu aktivem Handeln in globalen Dimensionen führt. Ich habe in den letzten Jahren weltweit fast nur mit Institutionen gearbeitet, die international zusammengesetzt sind. Die Idee, von deutschen Institutionen ausgehende Projekte in die Welt zu schicken, sollte der Vergangenheit angehören. Es geht um das gemeinsame Erkennen von Problemen und das gemeinsame multilaterale Handeln.

Vor welchen grundlegenden Herausforderungen steht ein Institut wie das ifa aktuell, und wie muss es sich künftig positionieren und verstehen?

Das ifa ist ein hervorragender Think-and-Do-Tank, der aus der eigenen langen Geschichte viel gelernt hat, das ist eindeutig ein Privileg. Es braucht eine starke Verankerung in Deutschland. Ich persönlich schätze die Tatsache sehr, dass Baden-Württemberg und Berlin die tragende Plattform bilden. Durch die enge Verbindung mit dem Auswärtigen Amt ist das ifa in den internationalen politischen Kontext eingebunden; besser könnten die Voraussetzungen eigentlich gar nicht sein. Aber das bedeutet nicht, dass das ifa nur von Deutschland aus operieren sollte. Nur in Netzwerken mit Partnern in anderen Ländern wird es auch in Zukunft stark bleiben, denn der Kulturdialog hat sich grundlegend verändert. An ihm sind sehr viele Akteure beteiligt, er beruht immer mehr auf dem Engagement innerhalb der Zivilgesellschaft und dreht sich um globale Fragen und Probleme. Heute besteht der Kulturdialog nicht mehr im Gespräch zwischen zwei Seiten, sondern im Diskurs in globalen Kommunikationszusammenhängen. Das stellt hohe Anforderungen an international agierende Kulturinstitutionen: schnelles Lernen, hohe Flexibilität, gemeinsame Selbstreflexion und permanente Lust auf Innovation.

Wie sollte die Vermittlung zeitgenössischer Kunst im 21. Jahrhundert aussehen?

Es geht sicherlich nicht nur um zeitgenössische Kunst. Das ifa kann mehr. Lassen Sie uns in Zukunft auch über Creative Engineering, Mode und andere Sparten reden. Das Spartendenken in der Kunst hat sich glücklicherweise verändert, man sollte dem Rechnung tragen. Außerdem wird nicht mehr im klassischen Sinne vermittelt, man denkt eher in Prozessen, gemeinsamen Interessen und Koproduktionen.

Sie übernehmen zum 1. Juli 2017 das Amt des Präsidenten des ifa. Was sind Ihre Ideen und Visionen für dieses Amt?

Mit der Frage sprengen Sie natürlich den Rahmen eines solchen Gesprächs. Nur so viel: In langjähriger Arbeitspraxis habe ich die Möglichkeiten und Grenzen der internationalen Kulturvermittlung kennenlernen dürfen. Auch wenn ich ein großer Freund des Risikos bin, weiß ich stets, wie weit man gehen darf. Dennoch glaube ich daran, dass das ifa sich durchaus mehr in Konfliktfelder einmischen sollte. Ferner bin ich ein Freund von Partnerschaften. Das ifa in Kombination mit international handelnden Universitäten, Unternehmern, NGOs, Glaubensgemeinschaften und Persönlichkeiten ist von großem Interesse für mich. Das ifa muss sich einmischen, das heißt, an sinnvoll ausgewählten Orten aktiver Bestandteil einer internationalen Community werden. Aus Stuttgart in die Welt und gleich wieder zurück? Ich bevorzuge für bestimmte Projekte ein One-Way-Ticket, damit meine ich, Partizipieren anstelle von Beraten und Vermitteln. Aber ich sehe das ifa durchaus als einen Berater im Hinblick auf Internationalität und globales Handeln für deutsche Institutionen und Unternehmen, und zwar aktiv im Ausland und Verständnis vermittelnd im Inland.

Ich danke Ihnen für das Gespräch. Wir freuen uns auf Ihre Präsidentschaft.

Martin Roth leitete das Deutsche Hygiene-Museum und die Staatlichen Kunstsammlungen Dresden. Für die Expo in Hannover verantwortete er 2000 das Ausstellungsprogramm. Seit 2011 ist er Direktor des Victoria and Albert Museum in London. Schwerpunkte seiner Arbeit sind thematische Ausstellungen und Programme. Mitte 2017 wird er in Nachfolge von Ursula Seiler-Albring das Amt des ifa-Präsidenten übernehmen.

Ronald Grätz ist Generalsekretär des ifa.

→ Innenhof des ifa, Ausgang zum Karlsplatz

Präsidium

Präsidentin
Ursula Seiler-Albring
Botschafterin a.D.

1. Vizepräsident
Dr. jur. Bernt Graf zu Dohna
Chefsyndikus i.R.

2. Vizepräsident
Prof. Dr. Götz Adriani

Dr. Uschi Eid
Parlament. Staatssekretärin a.D.

Dr. Andreas Görgen
Ministerialdirigent und Leiter der Abteilung Kultur und Kommunikation, Auswärtiges Amt

Dr. Fabian Mayer
Bürgermeister für Allgemeine Verwaltung, Kultur und Recht, Landeshauptstadt Stuttgart

Dr. Claudia Rose
Ministerialdirigentin, Leiterin der Kunstabteilung, Ministerium für Wissenschaft, Forschung und Kunst Baden-Württemberg

Otto Ruthenberg
External Affairs, Daimler AG

Milan Simandl
Leiter des Referats 606, Auswärtiges Amt

Ordentliche Mitglieder

Ordentliche Mitglieder „qua Amt"

Helga Solinger
Ministerin a.D.

Rainer Arnold
MdB (SPD), stellvertretendes Mitglied im Auswärtigen Ausschuss, Deutscher Bundestag

Dr. Andreas Görgen
Ministerialdirigent und Leiter der Abteilung Kultur und Kommunikation, Auswärtiges Amt

Ronald Grätz
Generalsekretär, ifa

Gunther Krichbaum
MdB (CDU/CSU), Vorsitzender des Ausschusses für Angelegenheiten der Europäischen Union, Deutscher Bundestag

Brigitte Lösch
MdL (BÜNDNIS 90/DIE GRÜNEN), Landtag Baden-Württemberg

Dr. Fabian Mayer
Bürgermeister für Allgemeine Verwaltung, Kultur und Recht, Landeshauptstadt Stuttgart

Reiner Moser
Ministerialdirigent, Ministerium für Finanzen Baden-Württemberg

Omid Nouripour
MdB (BÜNDNIS 90/DIE GRÜNEN), Auswärtiger Ausschuss und Unterausschuss Auswärtige Kultur- und Bildungspolitik, Deutscher Bundestag

Dr. Jan Ole Püschel
Ministerialdirigent, Der Beauftragte der Bundesregierung für Kultur und Medien (BKM)

Dr. Claudia Rose
Ministerialdirigentin, Leiterin Kunstabteilung, Ministerium für Wissenschaft, Forschung und Kunst Baden-Württemberg

Jürgen Sauer
Gemeinderat, Landeshauptstadt Stuttgart

Ursula Seiler-Albring
Botschafterin a.D., Präsidentin, ifa

Milan Simandl
Leiter Referat 606, Auswärtiges Amt

Ordentliche Mitglieder ad personam

Dr. jur. Bernt Graf zu Dohna
Chefsyndikus i.R.

Prof. Dr. Götz Adriani

Birgitt Bender
MdB a.D.

Dr. Roland Bernecker,
Generalsekretär, Deutsche UNESCO-Kommission

Petra Bewer
Unternehmerin

Dr. Uschi Eid
Parlament. Staatssekretärin a.D.

Prof. Jean-Baptiste Joly
Direktor, Akademie Schloss Solitude

Thomas Krüger
Präsident, Bundeszentrale für politische Bildung

Peter Limbourg
Intendant, Deutsche Welle

Prof. Dr. Karl-Heinz Meier-Braun
Integrationsbeauftragter, Südwestrundfunk

Prof. Dr. Verena Metze-Mangold
Präsidentin, Deutsche UNESCO-Kommission e.V.

Prof. Dr. Detlef Nolte
Vizepräsident, German Institute of Global and Area Studies (GIGA)

Otto Ruthenberg
External Affairs, Daimler AG

Prof. Dr. Olaf Schwencke
MdB/MdEP a.D., Präsident, Deutsches Komitee für kulturelle Zusammenarbeit in Europa

Helga Solinger
Ministerin a.D.

Michael M. Thoss
geschäftsführendes Mitglied des Stiftungsrates, Allianz Kulturstiftung

Susanne Weber-Mosdorf
ehemals stellvertretende Generaldirektorin World Health Organization

Ehrenmitglieder

Dr. Barthold C. Witte
Ministerialdirektor a.D.

Prof. Dr. Kurt-Jürgen Maaß
ehemaliger Generalsekretär ifa

Joachim Uhlmann
ehemaliger leitender Ministerialrat, Ministerium für Wissenschaft Forschung und Kunst Baden-Württemberg

Fördernde Mitglieder

Heinz Ammann, Stephan Doehler, Dr. Cantz'sche Druckerei GmbH & Co. KG, Harald Goegge, Treufried Grau, Bernd Kappel, Prof. Aylish Kerrigan, Janine Maurer, Dr. M. Krischke Ramaswamy, Dr. Michael Alexander Rehs, Renate Ressel, Dr. Michael Sasu, Elisabeth Schilling, Heinz Schnepf, Marilyn Steinacker, Dr. Volker Wille

Korrespondierende Mitglieder (vertreten durch)

Alexander von Humboldt-Stiftung
Dr. Enno Aufderheide, Generalsekretär

Arbeitskreis für siebenbürgische Landeskunde e. V.
Dr. Harald Roth, stellvertretender Vorsitzender des Vorstands

Baden-Württemberg Stiftung gGmbH
Christoph Dahl, Geschäftsführer
Bundesvereinigung Kulturelle Kinder- und Jugendbildung e. V.

Rolf Witte, Leiter „Kulturelle Bildung International"

Carl-Schurz-Haus/Deutsch-Amerikanisches Institut Freiburg e. V.
Friederike Schulte, Direktorin

CIVIC GmbH – Institut für internationale Bildung
Holger-Michael Arndt, Geschäftsführer

Deutscher Akademischer Austausch Dienst
Dr. Dorothea Rüland, Generalsekretärin

Deutsches Archäologisches Institut
Prof. Dr. Friederike Fless, Präsidentin
Deutscher Bundestag

Dr. h. c. Gernot Erler, MdB (SPD), Staatsminister a. D., Auswärtiges Amt

Deutsch-Französisches Institut
Prof. Dr. Frank Baasner, Direktor

Deutsche Fernschule e. V.
Georg Pflüger, Geschäftsführer und Schulleiter

Deutsche Gesellschaft für Auswärtige Politik e. V.
Dr. Harald Kindermann, Generalsekretär

Deutsches Institut für Entwicklungspolitik
Prof. Dr. Dirk Messner, Direktor

Deutscher Kulturrat e. V., Redaktion „Politik und Kultur"
Olaf Zimmermann, Geschäftsführer und Herausgeber „Politik und Kultur"

Deutscher Musikrat e. V.
Prof. Christian Höppner, Generalsekretär

Deutsche Stiftung Friedensforschung
Dr. Thomas Held, Geschäftsführer

European Cultural Foundation
Katherine Watson, Direktorin

Europa Zentrum Baden-Württemberg
Florian Setzen, Direktor

Gesellschaft für deutsche Sprache e. V.
Dr. Andrea-Eva Ewels, Geschäftsführerin

Deutsche Gesellschaft für Internationale Zusammenarbeit (GIZ) GmbH
Tanja Gönner, Vorstandssprecherin

Goethe-Institut e. V.
Johannes Ebert, Generalsekretär

Leibniz Institut, Hessische Stiftung Friedens- und Konfliktforschung
Barbara Dörrscheidt, Leiterin Presse- und Öffentlichkeitsarbeit & Fundraising

Universität Stuttgart, Historisches Institut, Abteilung Alte Geschichte
Prof. em. Dr. Eckart Olshausen

Kulturpolitische Gesellschaft e. V.
Dr. Norbert Sievers, Hauptgeschäftsführer

Linden-Museum Stuttgart
Prof. Dr. Inés de Castro, Direktorin

Literaturhaus Stuttgart
Dr. Stefanie Stegmann, Leiterin

Notre Europe
Ute Guder, Assistenz Jacques Delors und Bereich Finanzen

Ostasiatischer Verein e. V.
Timo Prekop, geschäftsführendes Vorstandsmitglied

Pro Helvetia
Murielle Perritaz, Mitglied der Geschäftsleitung und Leiterin Programme

Pro Stuttgart-Verkehrsverein e. V.
Werner Koch, Vorstandvorsitzender

Raphaelswerk e. V.
Birgit Klaissle-Walk, Generalsekretärin

Stiftung für deutsch-polnische Zusammenarbeit
Krzysztof Rak, geschäftsführender Vorstand

Stiftung Wissenschaft und Politik (SWP)
Prof. Dr. Volker Perthes, Direktor

Stiftung Wissensraum Europa-Mittelmeer (WEM) e. V.
Prof. Dr. Bernd Thum, Präsident

Südosteuropa-Gesellschaft e. V.
Dr. Hansjörg Brey, Geschäftsführer

Universität Bayreuth, Lehrstuhl für Interkulturelle Germanistik
Prof. Dr. Gesine Lenore Schiewer

Zentrum für Angewandte Kulturwissenschaft und Studium Generale (ZAK), Karlsruher Institut für Technonolgie (KIT)
Prof. Dr. Caroline Y. Robertson-von Trotha, Direktorin

Verband Deutscher Lehrer im Ausland e.V.
Karlheinz Wecht,
Vorstandsvorsitzender

Weltkulturen Museum
Dr. Eva Ch. Raabe, Direktorin
(kommissarische Leitung)

Zentralstelle für das Auslandschulwesen
Joachim Lauer, Abteilungspräsident

Redaktionsbeirat

Peter Kettner
Auswärtiges Amt

Johannes Ebert
Generalsekretär, Goethe-Institut e.V.

Aris Fioretos
Schriftsteller

Prof. Dr. Naika Foroutan
stellvertretende Institutsdirektorin des Berliner Instituts für empirische Integrations- und Migrationsforschung (BIM), Humboldt-Universität zu Berlin

Jenny Friedrich-Freksa
Chefredakteurin KULTURAUSTAUSCH, ifa

Theo Geißler
Verleger, ConBrio Verlag

Ronald Grätz
Generalsekretär, ifa

Sebastian Körber
stellvertretender Generalsekretär und Leiter der Abteilung Medien, ifa

Evelyn Roll
leitende Redakteurin, Süddeutsche Zeitung

Dr. Claudia Schmölders
Kulturwissenschaftlerin

*Stand
November 2016*

ifa-Forschungsbeirat

Prof. Dr. Helmut Anheier
Präsident und Dean, Hertie School of Governance

Dr. Barbara Göbel
Leiterin, Ibero-Amerikanisches Institut

Ronald Grätz
Generalsekretär, ifa

Sebastian Körber
stellvertretender Generalsekretär und Leiter der Abteilung Medien, ifa

Thomas Krüger
Präsident, Bundeszentrale für politische Bildung

Prof. Dr. Verena Metze-Mangold
Präsidentin, Deutsche UNESCO-Kommission

Prof. Dr. Caroline Y. Robertson-von Trotha
Direktorin, Zentrum für Angewandte Kulturwissenschaft und Studium Generale (ZAK), Karlsruher Institut für Technologie (KIT), Vorsitzende des WIKA (Wissenschaftlicher Initiativkreis Kultur und Außenpolitik)

Milan Simandl
Leiter des Referats 606, Auswärtigen Amt

Prof. Dr. Bernd Thum
Präsident, Stiftung Wissensraum Europa-Mittelmeer (WEM) e.V.

Dr. Odila Triebel
Leiterin Bereich Dialog und Forschung „Kultur und Außenpolitik“, ifa

Dr. Helga Trüpel
MEP Fraktion der Grünen / Freie Europäische Allianz, stellvertretende Vorsitzende im Ausschuss für Kultur und Bildung

Kunstbeirat

Nevin Aladag
Künstlerin

Elke aus dem Moore
Leiterin der Abteilung Kunst, ifa

Ulrich Domröse
Leiter Fotografische Sammlung, Berlinische Galerie

Dr. Yilmaz Dziewior
Direktor, Museum Ludwig

Rainer Hauswirth
Bereichsleiter Bildende Kunst, Goethe-Institut e.V.

Mark Edgar Kwami
M. Kwami Design Services

Simona Malvezzi
Kuehn Malvezzi Associates GmbH

Christiane Mennicke-Schwarz
Künstlerische Leiterin der Städtischen Galerie für Gegenwartskunst, Kunsthaus Dresden

Dirk Schulz
stellvertretender Leiter Referat 603, Vortragender Legationsrat (VLR), Auswärtiges Amt

Nasan Tur
Künstler

Franciska Zólyom
Direktorin, Leipziger Galerie für Zeitgenössische Kunst

Beirat „Alexander Rave-Stiftung“

Dr. jur. Bernt Graf zu Dohna
Chefsyndikus i.R.

Ronald Grätz
Generalsekretär, ifa

Dr. Ulrike Groos
Direktorin, Kunstmuseum Stuttgart

Helga Solinger
Ministerin a.D.

Umschlag
↑ Foto: Zara Zandieh
↖↗ Fotos: ifa-Archiv, Fellbach
← Foto: Christophe Ndabananiye

S. 2
↑ Foto: Zara Zandieh
↓ Foto: ifa-Archiv, Fellbach

S. 5
Fotos: ifa-Archiv, Fellbach

S. 6
Foto: Britta Radike / ifa

S. 9
Foto: ifa-Archiv, Fellbach

S. 10
Fotos: Bundesarchiv Koblenz

S. 13
Foto: Bundesarchiv Koblenz

S. 19
Foto: snyderjg / iStock.com

S. 22
Foto: ifa-Archiv, Fellbach

S. 25
Fotos: Luca Siermann / ifa

S. 26
Fotos: Luca Siermann / ifa

S. 29
Foto: ZAK / Felix Grünschloss

S. 30
Foto: Dominik Butzmann / laif

S. 34
Foto: ifa-Archiv, Fellbach

S. 35
↑ Logo: ifa-Archiv
↓ Foto: Stadtarchiv Stuttgart

S. 36
Plakat: bpk – Kunstbibliothek der Staatlichen Museen zu Berlin / Dietmar Katz

S. 40
Foto: ifa-Archiv, Fellbach

S. 41
↑ Foto: Stadtarchiv Stuttgart
↓ Foto: ifa-Archiv, Fellbach

S. 42
Foto: Bundesarchiv / Bundesbildstelle

S. 45
Foto: ifa-Archiv, Fellbach

S. 47
Fotos: Victoria Tomaschko

S. 48
Foto: Christophe Ndabananiye

S. 51
Foto: ifa-Archiv, Fellbach

S. 53
Foto: Muammer Yanmaz

S. 54
Fotos: Frank Kleinbach / ifa

S. 57
Foto: ifa-Archiv

S. 58–60
Foto: ifa-Archiv

S. 63
Foto: www.rusdeutsch.ru

S. 66
Foto: Staatsministerium Baden-Württemberg

S. 69–70
Foto: Pascal Mora / Keystone

S. 74
Foto: Asad Rahman

S. 79
Foto: Mariyam Nizam

S. 83
Foto: Architekt Behnisch – Behnisch&Partner / Roland Halbe

S. 86
Foto: Michael Ehrhardt

S. 89
Fotos Exponate: Nic Tenwiggenhorn / ifa

S. 90
Foto: Ingrid von Kruse

S. 94–95
Sebastian Schrof

S. 96
↖ Foto: Michael Lapuks
↗ Foto: Rubén Suppo, FADU UNL
↓ Foto: Luciane Pires Ferreira

S. 101
Foto: F.C. Gundlach

S. 102–103
Fotos: Thomas Häntzschel / nordlicht
← Foto: Edwin Bader

S. 105
Foto: Siri Gögelmann / ifa

S. 106
Fotos: Volker Albus

S. 110
Fotos: Barbara Klemm

S. 115
Foto: Tom-Oliver Schneider

S. 117
Foto: Paul Hahn

S. 120
Foto: Roman Mensing, artdoc.de

S. 121–122
Fotos: Ed Kashi / VII

S. 125
↑ Foto: Markus Jans
↓ Foto: Joakim Eskildsen

S. 129
Foto: Luca Siermann / ifa

S. 133
Foto: Christian Als / laif

S. 134
Foto: Wolfgang Tillmanns

S. 137
Foto: Thierry Bal

S. 138
Foto: Luca Siermann / ifa

Diese Publikation wurde gefördert durch:

Baden-Württemberg
MINISTERIUM FÜR WISSENSCHAFT, FORSCHUNG UND KUNST

STUTTGART

Die Publikation wurde ermöglicht dank der freundlichen Unterstützung durch:

Steidl

Herausgeber
Institut für Auslandsbeziehungen
e.V. (ifa), Ronald Grätz

Charlottenplatz 17
70173 Stuttgart
www.ifa.de

Das ifa wird gefördert vom Auswärtigen Amt, dem Land Baden-Württemberg und der Landeshauptstadt Stuttgart.

Redaktion
Jennifer Endro

Bildredaktion
Juliane Stein

Übersetzung aus dem Englischen
Dominik Fehrmann

Gestaltung
Bureau David Voss
Ondine Pannet, Jim Kühnel, David Voss

Bildbearbeitung
dotgain

Gesamtherstellung und Druck
Steidl, Göttingen

Steidl
Düstere Str. 4
37073 Göttingen
Tel. +49 551 49 60 60
Fax +49 551 49 60 649
steidl.de

ISBN 978-3-95829-295-6
Printed in Germany by Steidl